변호사 없이 이혼하기

변호사 없이 ───── 이혼하기

후회 없는

이혼을 위해

생각해야 할

모든 것

김명연 · 양지선 지음

저 이혼해도 될까요?

"변호사님, 저 이혼해도 될까요?" 이혼 상담 중에 흔히 듣는 질문입니다. 10여 년 전, 갓 변호사가 되었을 때에는 이혼을 할지 말지와 같은 인생의 중요한 의사 결정을 왜 변호사에게 묻는지 도통 이해할 수 없었습니다. 변호사는 법률 전문가일 뿐, 타인의 의사 결정을 대신 해주는 사람이 아니니까요. 하지만 수많은 이혼 사건을 상담하고 수행한 결과, 이제는 저 질문의 의미를 잘 알게 되었습니다. 변호사에게 이혼을 할지 말지를 묻는 것이 아니었습니다. 그저 현재 상황이 당황스럽고 앞으로 무엇을 어떻게 해야 할지 모르겠으니 도와달라는 뜻이었습니다.

흔히 변호사들은 이혼을 부추기거나 조장한다고 생각하십니다. 하지만 저희는 아무 때나 이혼을 먼저 권하지 않습니다. 이혼해도 될지를 묻는 분들에게 무작정 이혼하는 것을 전제로 소송의 유불리를 계산해드리기보다는, 이혼을 할 경우와 혼인을 유지할 경우를 비교하여 상담하고 함께 고민합니다. 지금 바로 해야 할 일을 알려드리고 나면, 대부분 당장 이혼을 시도하기보단 일단 상담받은 내용을 토대로 구체적인 준비를 해보겠다며 사무실을 나서는 경우가 부지기수입니다.

세상이 많이 달라졌다고 하지만, 아직도 결혼은 마땅히 치러야 하는 인생의 과업이고, 이혼은 '결혼의 실패'라고 여기는 사람들이 있습니다. 하지만 저희 생각은 조금 다릅니다. 이혼은 나 혼자 노력한다고 피할 수 있는 것이 결코 아닙니다. 실패와는 거리가 멀지요. 오히려 '사고'에 가까운 것 같습니다. 나만의 잘못으로 벌어진 것이 아니고 미처 예상치 못한 불운처럼 닥치는 경우가 많으니까요.

그럼에도 이혼 준비는 참 힘들고 외롭습니다. 주변 지인들에게 조언을 구하고 싶지만 나의 내밀한 사정을 어디까지 털어놓을 수 있을지 수없이 고민만 하다가, 다시 인터넷 속 정보를 가장한 수많은 광고글 속에서 혼자 허우적대는 나를 발견하게 됩니다. 하지만 저희는 현재 법원, 준정부기관 등 공공 기관에서 일을 하고 있습니다. 변호사 사무실을 운영하거나 로펌에 재직하고 있는 것이 아니기에 영업을 목적으로 이 책을 쓴 것이 아닙니다. 그저 위와 같은 분들에게 저희가 든든한 친구이자 조언자가 되길 바라며 한 글자, 한 글자 꾹꾹 마음을 담아 썼습니다. 이혼을 할지 말지, 하게 된다면 무엇부터 시작해야 할지, 누구랑 고민을 나눠야 할지, 이혼하고 난 후의 세상은 어떨지 등등 혼자 버려진 것 같은 외로움 속에서 더 이상 헤매지 않기를 바라는 응원을 담았습니다.

먼저, 이혼을 할지 말지 고민하는 분들에게 이 책을 권합니다. 이혼을 결정하기 전에 생각할 것들이 정말 많지요? PART 1, 2에서는 이혼을 할까 말까 결정조차 아직 못 내린 분들에게 여러 질문을 던집니다. 저희는 '직접 쓰는 글'이 갖고 있는 힘을 믿습니다. 저희를 믿고 같이 생각거리를 작성하다 보면, 스스로 가장 좋은 조언자가 되어 현재 내가 이혼해야 하는 상황인지 아닌지 명확하게 분별하실 수 있을 것입니다.

둘째, 이혼하기로 결심한 나에게 변호사가 필요할까 궁금한 이들에게 권합니다. 결혼 기간이 짧거나, 양육권을 다툴 자녀가 없거나, 분할 대상이 되는 부부 공동재산이 그리 많지 않은 경우 등 여러 가지 이유로 굳이 변호사가 필요한가 싶은 분들이 있겠지요? 길고 복잡한 소송보다 되도록 협의이혼으로 진행하되, 이행의 담보가 필요한 경우 조정이혼을 진행할 수 있도록 합의서를 함께 써볼 겁니다. 책의 생각거리를 따라 쓰다 보면, 어느새 책의 마지막 장에서는 나만의 합의서가 마련되어 있을 거예요. 확실하고 손해 보지 않는 이혼을 위해 법률적인 부분은 저희가 과외 선생님처럼 옆에 붙어 소곤소곤 알려드릴 테니, 이 책을 끝까지 따라오시면 됩니다.

이 책을 읽으며 나의 결혼 생활을 되짚어보고, 화도 내고 마음껏 슬퍼도 하고, 반성하고 원망하는 시간을 충분히 가지세요. 누군가에게 마음을 털어놓고 감정을 쏟아내면서도 버릴 것은 버리고 취할 것은 취하며 착실하게 준비하는 과정이 필요합니다. 그 과정에 이 책이 당신과 함께하기를 바랍니다. 저희가 던진 생각거리 질문과 법적인 조언을 통하여 결국 이혼을 하든, 안 하든 자신에게 꼭 맞는 길을 찾을 수 있기를 바랍니다.

지금 이 순간, 더 행복한 길을 찾고 있는 당신에게 이 책이 따뜻하고도 단단한 버팀목이 될 수 있기를 온 마음 담아 응원합니다. 그럼 이제, 저희와 함께 시작해볼까요?

이혼 결심

이혼 사유와 이혼 목적은
다릅니다

"정말
이혼하실 건가요?"

"정말 이혼할 거야?" 이혼하겠다고 하면 주변에서 끊임없이 물을 거예요. 변호사도, 법원에서도, 부모님도, 친구들도! 이 말을 다르게 표현하면 "이혼 의사가 있나요?"입니다. 이 책의 첫 번째 질문도 이와 같습니다.

"진심으로 '이혼 의사'가 있나요?"

확고하게 "꼭 이혼하고 말 거야!"라고 답하는 분들도 있지만, 사람 마음이란 게 참 알 수가 없습니다. 오늘은 죽어도 같이 못 살 것 같다가도, 내일은 애들 봐서라도 내가 참아야지 싶고, 하루

이혼 결심

에도 몇 번씩 마음이 오락가락합니다. 실제로 변호사 사무실에 찾아와 당장 이혼하고 싶다며 소장 빨리 접수해달라고 하시더니, 며칠 후에 마음이 바뀌었다며 소를 취하해달라는 분들도 종종 있습니다. 그리고 얼마 지나지 않아 다시 생각해보니 역시 이혼하고 싶다며 도로 오시는 일도 적지 않고요.

변호사와 상담 후에 마음을 바꾸는 거야 아무 상관 없습니다. 그러나 이혼에 대해 신중히 고민하지 않았거나, 이혼 준비가 제대로 되지 않은 상태에서 상대방에게 섣불리 이혼 이야기를 꺼내면 어떻게 될까요? 오히려 상대방에게 이혼을 준비할 시간과 기회를 주는 셈입니다. 소 취하를 하려면 일정 조건 하에서 상대방 동의가 필요하기도 하고요. 간혹 이혼 소송을 먼저 제기해서 원고 입장에서 싸우라고 제안하는 변호사도 있으나, 내가 원고인지 피고인지 여부는 승소에 미치는 영향이 없어서 그다지 중요하지 않습니다. 그보다는 이혼에 대해 충분히 생각하는 것이 먼저입니다. 내 진짜 속마음을 아는 것이 가장 중요한 일이니까요.

이혼을 하려면 준비해야 할 것이 많습니다. 이혼 이후의 삶을 계획해야 하고 이혼 합의 과정에서 내가 어떤 조건을 제시할지도 미리 생각해둬야 합니다. 혹시 상대방과 합의를 못 하게 될 경우를 대비해 이혼 소송에서 사용할 증거도 수집해둬야 하고요.

이 모든 것을 하루아침에 할 수 없겠지요. 그래서 이 책에서 하나씩 소개하면서 같이 준비해보려고 합니다.

나는 □□□과 이혼한다.

□□□에 들어갈 상대방의 이름을 떠올려보세요. 어떠신가요? 다음 문장도 한번 볼까요?

나는 (   ) 후에 □□□과 이혼한다.

괄호 안에는 이혼 희망 시기가 들어갑니다. 지금 당장이 아니어도 괜찮습니다. 바로 이혼하기 어려운 저마다의 사정과 이유가 있을 수도 있으니까요. 수개월을 준비하거나, 수년 후를 기약해도 됩니다. 중요한 건 '얼마나 빨리 이혼했느냐'가 아니라 '얼마나 숙고하고, 철저히 준비했느냐'이니까요.

조금 더 형식을 갖춰볼까요? 이혼 판결문은 대개 아래와 같이 시작합니다.

○○○과 □□□는 이혼한다.

이혼 결심

빈칸에는 나와 상대방의 이름이 들어갑니다. 이것은 우리가 함께 쓸 이혼합의서의 첫 문장이 될 것입니다.

어떠신가요? 아직 마음을 확실하게 정하지 않아도 괜찮습니다. 이혼을 고민하는 힘들고 외로운 시간. 이 책이 여러분의 친구가 되어 옆에 있어드릴게요. 때론 따뜻한 위로를, 때론 유용한 조언을 드리겠습니다. 그 시간 동안 이 책이 조금이나마 도움 된다면 더 바랄 것이 없겠습니다.

· 아래 빈칸을 채워봅니다.

나는 □□□과 이혼한다.

나는 (   ) 후에 □□□과 이혼한다.

○○○과 □□□는 이혼한다.

지난 결혼 생활
돌이켜보기

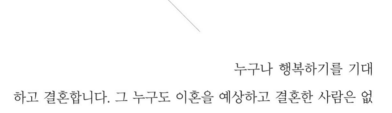

누구나 행복하기를 기대하고 결혼합니다. 그 누구도 이혼을 예상하고 결혼한 사람은 없을 거예요. 어쩌면 시작부터 잘못된 선택이었을까요? 어디서부터 잘못된 것일까요?

이혼을 할지 말지 고민하기 전에 결혼 생활은 어땠는지 먼저 생각해봅시다. "헤어지는 마당에 굳이 결혼 생활을 반추할 필요가 있을까요?"라고 반문하실 수 있습니다. 단순히 과거를 떠올려보라는 말이 아닙니다. 나는 어떤 이유로 결혼했고, 결혼 생활에서 무엇을 기대하였는지, 실제 결혼 생활은 어땠는지 되돌아

볼 기회를 갖자는 뜻이에요.

특히 아직 이혼을 할지, 말지 확실하게 결정하지 못한 경우라면 지난 결혼 생활을 돌이켜보는 것이 마음을 정하는 데 큰 도움이 됩니다. 결혼을 결심했던 때 내가 왜 이 사람과 함께 살면 더 행복할 것이라 생각했었는지 떠올려보세요. 그리고 지금은 그때와 어떤 점이 달라졌기에, 차라리 혼자가 나을지도 모르겠다고 판단하게 된 건지도 생각해봅니다.

상대가 달라졌나요? 내가 달라진 점은 없나요?
나와 상대는 그대로인데 상황이 바뀌었나요?
원래부터 없었던 걸 있다고 착각했나요?

자, 이제 다음 생각거리 페이지를 펼쳐보세요. 나의 결혼 생활에 관하여 객관적으로 생각해볼 수 있고 내 마음도 솔직하게 들여다볼 수 있는 좋은 기회가 될 것입니다.

생각거리

☑️ 체크리스트 혼인 당시 가졌던 희망 사항을 체크해보고, 혹시 다른 이유가 있다면 적어봅시다.

☐ 혼자일 때보다 경제적으로 안정될 줄 알았다.

☐ 집안일과 양육 분담이 공평할 줄 알았다.

☐ 결혼 후 퇴사하고 싶었다.

☐ 나와 이룬 가정을 우선으로 여길 줄 알았다.

☐ 배려심, 포용력, 정서적 안정감을 기대했다.

☐ 성적 만족을 기대했다.

☐ 정서적으로 온화한 사람인 줄 알았다.

☐ 무뚝뚝해도 책임감 있는 사람인 줄 알았다.

☐ 자녀가 있는 단란한 가정을 이루고 싶었다.

나는 결혼 생활에서 (   )을 기대했다.

~~~~~~

✓ 체크리스트　현실은 어떠한가요? 아래 문항 중 해당 사항이 있다면 체크해보

고, 혹시 다른 이유가 있다면 적어봅시다.

　　☐ 배우자의 사정으로 경제적으로 힘들다.

　　☐ 가사와 육아를 전담하고 있다.

　　☐ 원치 않는 맞벌이를 하고 있다.

　　☐ 배우자가 시가/처가 편만 들고 있다.

　　☐ 이기적인 상대방으로 인해 외롭다.

　　☐ 부부관계 트러블이 잦다.

　　☐ 폭언(혹은 폭행)을 수시로 당하고 있다.

　　☐ 배우자가 딩크를 강요한다.

나의 결혼 생활은 (　　　　　　　　　　).

이혼하려는
목적 바로 알기

"변호사님 때문에 이혼했어요. 솔직히 후회됩니다." 아니, 이혼하겠다고 오셔서 위자료며, 재산분할이며 결과에 만족하셔놓고 이제 와서 원망하시나요. 변호사로서는 참으로 억울한 일입니다. 실제로 이런 분들이 종종 계십니다. 이혼 후의 삶이 생각만큼 녹록지 않아서겠지요.

후회하지 않는 이혼을 하려면 가장 먼저 짚어볼 게 있습니다. 바로 이혼의 목적입니다. 이혼 상담을 진행해보면 이에 관해 깊게 생각해보지 못한 분들이 의외로 많은 것 같습니다. 물론 이혼 '사유' 없이 이혼하고자 하는 분들은 없습니다. 하지만 이혼 '사유'와 이혼 '목적'은 완전히 다른 이야기입니다.

예를 들어 성격 차이로 인한 잦은 다툼이 이혼 사유라 해도, 이혼으로 이루고 싶은 이혼 목적은 이렇게 다를 수 있습니다.

- 자녀를 폭력적인 환경에 노출하지 않기 위해
- 눈치 보지 않는 아이로 키우기 위해
- 집을 진정한 쉼과 휴식이 있는 공간으로 만들고 싶어서
- 마음껏 나의 일을 하고 싶어서
- 경제적으로 안정적인 노후를 위해
- 나의 신체적, 정신적 건강을 위해

이혼 사유는 보통 상대방에게 불만을 갖고 있거나 현 상황에서 벗어나고 싶어서인 경우가 많습니다. 그러나 이혼 목적은 단순한 이혼 사유를 넘어, 이혼으로 이루고 싶은 내 삶의 목표입니다. 이혼을 통해 이루고자 하는 '지향점'이지요. 삶의 목적과 방향성이 뚜렷한 사람은 중간중간 어려운 고비가 와도 쉽게 흔들리지 않습니다. 그래서 내 인생의 중요한 결정을 내리기 전에 그 목적을 제대로 아는 것은 너무도 중요합니다.

이혼 상담을 하며 이혼 목적을 물어보면 가장 많은 대답이 이

것입니다. "행복해지고 싶어서요." 당연한 대답입니다. 하지만 너무나 추상적입니다. '행복은 마음먹기에 달렸다'는 말도 있으니 마음만 고쳐먹으면 행복해지는 걸까요? 그래서 위 대답은 충분하지 않습니다.

많은 분들이 행복해지기 위해서 이혼합니다. 그러나 이혼 과정은 너무나 고통스럽고, 그 이후의 삶도 녹록지 않을 수 있습니다. 그래서 이혼을 후회하는 사람들도 종종 있습니다. 솔직히 말씀드리면, 저는 수많은 이혼 소송을 지켜보면서 "이혼해서 너무 행복해요"라고 말하시는 분을 많이는 만나보지 못했습니다. 그러나 시간이 흐른 후 "그때 이혼해서 다행이에요"라며 웃으시는 분들은 많이 계셨어요. 그분들은 이혼 목적을 정확히 알고 계셨던 분들이었습니다. 겁먹을 필요는 없지만, 그만큼 힘든 과정이니 마음을 단단히 가지셔야 합니다.

• 이혼 목적을 적어봅시다. 이혼 사유가 아닙니다. 등대가 환히 빛나면 어두운 밤에도 항해할 수 있듯, 이혼 이후에 혹시라도 깜깜한 밤을 지나더라도, 아래 써놓으신 이혼 목적이 여러분의 인생에 등대가 되어줄 것입니다.

(예시) 폭력적인 환경에서 아이와 나를 보호할 것이다

눈치 보지 않는 아이로 키울 것이다

마음껏 나의 일을 할 것이다

경제적으로 안정적인 노후를 누릴 것이다

나의 건강을 지킬 것이다

이혼하려는
이유 바로 알기

이혼 사유는 놀라울 정도로 다양합니다. 흔히 이혼 사유라고 알려진 폭력, 외도, 경제적인 문제는 일부 대표적인 사례에 불과합니다. 이렇게 누구나 이혼할 만하다고 고개를 끄덕이는 경우가 있는가 하면 당사자조차 말로 설명하기 애매하지만 도저히 견딜 수 없는 사유도 존재합니다.

"주변에서는 술, 담배, 여자, 도박 하지 않는 남편이면 됐다, 배부른 고민이다 말하지만, 저는 아무리 노력해도 견딜 수가 없어요. 정말 사람을 이상하게 괴롭혀요. 답답하고 숨이 막혀 죽을 것 같아요. 차라리 외도나 폭력 문제라도 있었으면 이렇게 이혼을 고민하지 않았을 거예요."

이렇게 한마디로 설명하기 힘들고 복잡한 것이 이혼 사유임에도 불구하고 굳이 직접 적어보시라 권하는 까닭은, 나의 상황을 보다 객관적으로 판단하기 위해서입니다. 그리고 냉정하게 생각해봅시다.

"이혼 외에 다른 방법은 없는가?"
"불행한 결혼 생활을 개선하기 위해 무엇이 필요한가?"

지금의 현실에서 도망치기 위해 충동적으로 이혼을 결정하는 것은 아닌지 되돌아봅니다. 순간적인 감정으로 배우자에게 이혼 이야기를 먼저 꺼냈다가 오히려 나에게 불리한 상황만 초래하고, 나중에 마음이 바뀌어 후회하는 경우가 많습니다. 이혼은 절대 충동적으로 결정하면 안 됩니다. 행복해지고 싶어서 이혼했다가 지금보다 더 힘들어질 수 있으므로, 어느 때보다 신중해져야 합니다.

이혼에는 철저한 준비가 필요합니다. '나는 준비된 이혼을 해야겠다'고 다짐했다면, 이 책과 함께해주세요. 책에 주어진 질문들에 하나하나 답하면서 현명하고 지혜로운, 적어도 손해 보지 않는 이혼을 준비해봅시다.

이혼 결심

· 구체적인 이혼 사유를 써봅니다. 이혼 목적과는 다릅니다. 어떤 내용이라도 좋습니다. 숙제 제출도 아니고, 남에게 보일 것도 아니고, 그저 나의 마음을 선명하게 들여다보는 과정이니 두서없이 쓰셔도 됩니다.

(예시) 서로 비난하고, 험담만 오가는 집안 분위기

배우자의 외도로 신뢰를 잃음

시가/처가 사람들의 과도한 간섭과 폭언

도박, 사업병, 과소비 등으로 집안 경제를 어렵게 함

이미 별거 중임

나를 외롭게 만들어 이미 공허함

이혼했을 때
단점 바로 알기

현재의 결혼 생활을 유지한다면 어떤 장점이 있을까요? 이혼하고 싶어 이 책을 펼쳤는데 이런 걸 물어 황당하신가요? 오해하지 말아주세요. 이혼한 경우의 장점도 곧 적어보고 비교해볼 테니까요. 이혼을 신중히 판단하기 위해서는 '결혼 생활을 유지했을 때 장점 = 이혼하면 잃게 될 것들 = 이혼했을 때 단점'을 생각해봐야 합니다.

우선, 결혼하고 나서 좋았던 점이 무엇인가요? 없을 수는 없습니다. 없다면 애초에 결혼하셨을 리 없으니까요. 신혼 때 느꼈던 감정부터 현재 배우자의 장점을 생각해봅니다. 눈곱만 한 장점이어도 장점입니다. 예를 들면 '그래도 신혼 때까지는 참 좋았다', '나에게는 무심해도 아이들에게는 다정한 아빠다', '집안일과 육아를 전혀 함께하지 않지만 매달 월급은 꼬박꼬박 벌어온다' 같은 것들이요. 이런 게 이제 와서 무슨 소용이냐며, 그냥 넘어가고 싶어도 그러지 마세요. 결혼의 장점을 충분히 생각해보지 않고 이혼을 하면 후회할 수도 있습니다. 결혼으로 자신이 무엇을 얻었고, 대신 무엇을 포기했는지 정확한 판단 없이 한 선택이니까요.

꼭 사랑해야만 함께 사는 것일까요? 그렇다면 너무나 좋겠지요. 하지만 꼭 남녀 간의 사랑이 아니더라도, 가족으로서의 유대와 정서적 안정감, 자녀 양육비, 경제력, 사회적 평판, 부모님의 지지 등 현실적인 부분도 무시할 수 없습니다.

남편의 외도로 힘들어하는 분이 계셨습니다. 그러나 이혼은 원치 않는다고 하시더군요. "이혼하면 무슨 돈으로 애들 교육을 시키겠어요. 그냥 제가 감정 없이 돌처럼 살겠습니다"라고 말씀하셨어요. 사람마다 각자 감내해야 할 삶의 무게가 다르므로, 개인의 선택을 남이 함부로 판단할 수는 없습니다. 다만 어떤 선택을 하든 그 전에 내 마음을 솔직하게 들여다보는 시간을 충분히 갖는 것은 필요합니다.

이혼하면 잃게 되는 것, 감수해야 하는 것 중 하나가 주변의 시선입니다. 요즘에는 시대가 많이 달라졌고 이혼이 흔한 일이 되었다고 하지만, 보이지 않는 편견이 일부 남아 있는 것을 부정할 수 없습니다. 내가 주변을 많이 의식하는 사람인지 한번 생각해보세요. 어떤 의사 결정이든 '나'를 바로 알고 선택해야 합니다.

　　남들이 나에 대해 어떻게 생각하든 비교적 타인의 시선에 자유로운 사람이 있는가 하면, 주변의 시선을 유독 의식하는 사람도 있습니다. 혹은 나는 그렇지 않은데, 직장이나 집안의 분위기가 사회적 평판을 중요시한다면 이혼을 보수적으로 생각하게 될 수 있습니다. 옳고 그름, 좋고 나쁨의 문제가 아닙니다. 성격과 성향의 차이일 뿐입니다. 만약 내가 타인의 시선을 많이 의식하는 성격이고 사회적 평판이 나의 주관적 안녕감과 행복보다 더 중요한 사람이라면, 이혼 이후 더 힘들 수도 있다는 사실을 미리 알고 있어야 합니다.

　　'지금 누리고 있는 것들을 포기하더라도 나는 이혼을 해야겠다'와 '지금 내가 너무 힘들고 지쳤으니 이혼하고 보자'는 완전히 다른 선택입니다. 만약 '현실적인 문제를 생각해보니 지금 내가 누리고 있는 걸 포기할 만큼 이혼하고 싶은 건 아니다'라고 생각해도 괜찮습니다. 아니면 바로 답을 내릴 필요 없이 '좀 더 시간을 가져보자'고 결론지어도 괜찮습니다.

어떤 선택이든 응원합니다. 다만 여러분이 지금보다 좀 더 행복해질 수 있는 선택을 내리면 좋겠습니다.

• 결혼 생활을 유지했을 때의 장점이 무엇인가요? 결혼하면서 좋았던 점, 신혼 때의 감정, 현재 배우자의 장점, 혹은 결혼으로 얻게 된 것들을 생각해봅니다.

(예시) 사랑하는 나의 자녀

　　　부모가 모두 같이 사는 환경에서 아이를 키울 수 있음

　　　혼자 벌어서는 현재의 경제력을 누릴 수 없음

• 이혼했을 때 단점, 이혼을 하면 잃게 될 것은 무엇인가요?

(예시) 나의 직장과 집안에서는 이혼에 대해 부정적이다

많진 않아도 매월 받는 생활비가 사라질 것이다

아이를 혼자서 키워야 한다, 혹은 아이와 헤어져 살아야 한다

이혼했을 때

장점 바로 알기

이혼하면 어떤 점이 좋을까요? 이번에는 '이혼으로 얻을 수 있는 것'에 대하여 적어봅시다. 이는 현재 혼인 생활로 인해 포기하고 있던 것과도 일맥상통합니다. 예를 들어 이혼을 하려는 이유 중에 '나의 커리어'를 고려한 적은 없었지만, 이혼 후 상대방 집안 대소사 등 챙겨야 할 의무들이 자연스레 줄게 되면 일에 더 집중할 수 있게 되는 부가적인 장점이 생길 수 있겠지요.

끝나지 않는 시험처럼 끊임없이 문제들이 닥쳐오는 게 인생이라는 생각이 가끔 드는데요. 그 전에는 미처 예상하지도 못했

이혼 결심

던 문제가 결혼 생활 중에 생겼던 것처럼, 이혼 이후에도 마찬가지입니다. 그러니 이혼 이후 나에게 닥칠 여러 시련들을 당당하게 극복하기 위해서는 '그럼에도 이혼하는 이유'를 스스로에게 잘 설명할 수 있어야 합니다.

옆에서 지켜보면 이혼 사유에 대한 자기 생각을 잘 정립하신 분들이 이혼 이후 새로운 생활에 잘 적응해나가는 것 같습니다. 이혼한 지 몇 달이 채 되지 않았는데도 이혼하니까 좀 살 것 같다며 고맙다고 만족감을 표하시는 분들은 이혼 사유를 명확히 알고 계신 분들이었습니다.

이혼 목적, 이혼 사유, 이혼했을 때의 장단점을 내가 잘 이해하고 있는지 반드시 점검하시기 바랍니다. 당장 이 질문들에 대한 대답이 시원하게 나오지 않아도 괜찮습니다. 저와 함께 차근차근 알아가면 되니까요. 다만 그럴 경우엔 지금 당장 힘들어도 시간을 가지면서 답이 분명해질 때까지 이혼을 유보하라고 말씀드리고 싶습니다. 이혼은 언제 해도 괜찮습니다. 행복해지기 위한 이혼이라면요!

· 결혼 생활을 유지했을 때의 단점을 생각해봅니다. 이혼하려는 이유와 일맥 상통하겠으나, 그보다 세세하게 적어보세요. 혹은 결혼 생활 유지를 위해 포기 하고 있는 것들도 떠올려보세요.

(예시) 배우자와 함께 있으면 스트레스가 쌓여서 힘들다

상대방의 외도로 배신감이 든다

배우자의 직장 때문에 아무 연고가 없는 곳으로 이사하여 외롭다

배우자의 직장 때문에 나의 직장과는 먼 곳으로 이사하여 힘들다

배우자의 사치로 인한 경제적 타격이 심하여 부채가 쌓인다

성격 차이가 심하여 불편하다

• 이혼했을 때 장점, 이혼을 하면 얻게 될 것은 무엇인가요?

(예시) 나의 일에 더욱 집중할 수 있다

배우자가 싫어했던 취미 활동을 눈치 보지 않고 할 수 있다

여가 시간이 많아질 것이다

배우자가 임의로 한 투자 실패로 인한 빚을 함께 갚지 않아도 된다

이혼했을 때
장단점 표 만들기

　　　　　　　　　어떤 선택이든 장단점이 있습니다. 최근 한 TV 프로그램에 출연한 정신과 전문의가 "어떤 것을 선택할 때, 무엇을 얻을 수 있을까보다 무엇을 감당할 수 있을까를 생각하고 선택하라"고 조언하더라고요. 아무리 좋은 것을 얻어도, 내가 감당할 수 없는 것이 수반된다면 그 선택을 후회할 수 있으니까요. 어떤 선택이든 그에 따르는 단점을 유심히 보라는 뜻이겠지요. 이혼을 고민하는 이들이 새겨들을 만한 조언이라 생각됩니다. 이혼했을 때의 단점과 결혼 생활을 유지했을 때의 단점. 어느 쪽이 더 감당하기 쉬운가요? 어떤 것을 감당하시겠습니까?

이혼 결심

학창 시절, 물리 수업 때 배운 '관성'을 기억하시나요? 사물이 그것의 운동 상태, 방향이나 속도를 유지하려고 하는 힘이 관성입니다. 인간의 삶에도 관성이란 게 있는 모양입니다. 그냥 살던 대로 쭉 살아가다 보면 힘들다, 힘들다 하면서 매일 겪는 힘듦이라 그런지 삶이 어떻게든 굴러갑니다. 그런데 어느 날 갑자기 방향을 바꿔서 새로운 무언가를 시도하려고 하면, 몇 배의 힘이 필요합니다. 학교를 졸업하고 사회에 처음 나갔을 때, 다니던 회사를 그만두고 새로운 분야로 이직할 때, 결혼하여 혼자에서 둘이 됐을 때 등등 삶의 형태가 바뀌면서 힘들었던 경험이 다들 있으실 텐데요. 이혼 역시 그렇습니다. 결혼에 지나친 환상과 기대를 품은 사람들이 오히려 결혼 후에 어려움을 겪듯이 이혼도 마찬가지입니다.

이제 이혼 목적과 사유, 이혼의 장단점을 표 하나에 정리할 텐데요. 머릿속으로만 떠도는 생각들을 글로 마주하면 생각이 한결 정리되고, 신중한 의사 결정에 큰 도움이 될 것입니다.

생 각 거 리

• 아래 빈칸을 채워 생각을 정리해보세요

이혼 목적

나는 (   )을 위해서 이혼한다.

이혼 사유

1.

2.

3.

	장점	단점
결혼 유지		
이혼		

자녀 때문에
망설이는 이혼

　　자녀가 있는 경우, 이혼을 망설이는 가장 큰 이유는 아마 아이 때문일 것입니다. 실제로 이혼을 굳게 결심하시고 변호사 사무실에 왔다가도 "애들 봐서라도 참고 살아야죠"라며 돌아서는 분들이 많이 있습니다. 그것도 훌륭한 결정입니다. 그러나 그 결정에도 반드시 주의하셔야 할 것이 있습니다.

　　가정마다 사정이 다르므로 이혼하는 게 좋다, 안 좋다 단정 지을 수 없습니다. 다만 자녀 때문에 이혼하지 않기로 선택하셨을 경우, 앞으로 이 사람과 살면서 나의 고통을 자녀에게 전가해서는 안 된다는 사실을 명심하셔야 합니다.

나의 불행을 자녀에게 들키거나 화풀이하지 않을 수 있을지 곰곰이 생각해보세요. 자녀 앞에서 싸우는 모습을 보이지 않는 것뿐만이 아닙니다. 나도 모르게 자녀 앞에서 신세 한탄이나 배우자 험담을 하지 않도록 주의해야 합니다.

> "엄마(아빠)는 이혼하고 싶은데, 너(자녀) 때문에 어쩔 수 없이 그냥 사는 거야."
> "너네 엄마(아빠)가 바람을 피웠지만, 너(자녀)를 봐서 참고 사는 거야."

이런 식의 말들은 자녀에게 죄책감과 부채감만 안겨줄 뿐입니다. 부부 싸움을 자주 자녀에게 노출하는 것도 마찬가지입니다. 배우자의 험담을 자녀에게 하시는 분들도 있는데요. 아동심리 전문가들은 되도록 배우자의 험담을 자녀에게 하지 말라고 권고합니다. 나와 배우자는 이혼을 하면 혼인 관계가 완전히 끊기지만, 자녀에게 상대방은 여전히 부모라는 사실을 잊으시면 안 됩니다. 나와 상대방의 관계에 매몰되어 상대방과 자녀의 관계를 무시하거나 방해해서는 안 됩니다. 자녀가 부모에게 최소한의 존경과 예의를 갖출 수 있도록 '자식을 위하는' 마음으로 이런 행동은 자제해주시기 바랍니다.

이혼 결심

그러나 부부간 신뢰 관계가 완전히 무너지면 자녀 앞에서 부부가 다투는 모습을 보이지 않는다거나 험담하지 않는 것 등 기본적인 것들도 참 지키기 어렵습니다. 이때는 차라리 헤어지는 것이 자녀의 성장에 더 이로운 것이 아닌지 진지하게 생각해봐야 합니다. 많은 분들이 이미 알고 계시는 것처럼, 이혼 가정의 자녀라고 해서 반드시 비뚤어질 것이라는 생각은 편견에 불과합니다. 자녀의 건강한 성장에는 부모의 이혼 여부보다 화목하고 사랑받는 가정환경이 훨씬 중요합니다.

또 하나 생각해봐야 할 것이 있습니다. 둘 사이 자녀가 있다면 이혼만으로는 관계가 완전히 끊어지지 않는다는 것입니다. 오히려 이혼 이후에 새로운 관계가 시작된다는 표현이 적절합니다. 부부의 연은 끝나지만, 내 자녀의 또 다른 보호자라는 것은 변함없는 사실이니까요. 이혼 후에도 자녀 양육에 대한 책임을 같이 져야 합니다. 양육권, 양육비, 면접교섭권 등을 포함하여 자녀에 대한 책임은 부와 모 공동의 몫으로 여전히 계속 남습니다. 이혼 후에도 자녀 일로 만나야 하는 일도 분명 생길 테고요. 그러니 자녀가 있는 경우, 이혼에 더욱 신중해질 수밖에 없는 것 같습니다. 어떤 것이 자녀와 나에게 행복한 길인지 천천히 생각해보세요.

법이 정한
이혼 사유

"이혼하기가 이렇게 힘들
줄은 몰랐어요. 아니, 내가 이혼하고 싶다는데 왜 나라가 못 하게
하는 거죠?" 이혼하시겠다는 분들에게 종종 듣는 불만입니다.

결혼도 둘이 하자고 해야 가능했던 것처럼, 이혼도 서로 합의
가 되어야 합니다. 당사자 간에 이혼 합의가 있는 경우라면, 성
격 차이뿐만 아니라 그 어떤 이유로도 이혼이 가능합니다. 그러
나 일방의 마음이 변한 경우에는 다릅니다. 연애는 한쪽 마음이
변하면 이별이지만, 결혼은 그럴 수 없습니다. 혼인신고를 마친
법률상 부부 중 일방이 이혼에 반대하고 있다면, 법이 정한 사유

이혼 결심

가 있어야 이혼을 할 수 있습니다. 예를 들어 단순 성격 차이로는 이혼할 수 없습니다. 민법상(재판상) 이혼 사유에 '성격 차이'라는 말은 없으니까요.

상대방과 이혼 합의에 이르지 못하고 부득이 소송을 하는 경우, 소를 제기한 사람은 민법에서 정한 이혼 사유가 있음을 입증해야 승소할 수 있습니다. 즉 재판상 이혼은 시간과 노력이 상당히 소요되고 변호사를 선임할 경우에는 비용도 추가됩니다. 따라서 끝까지 이혼에 대한 합의가 되지 않는다면 어쩔 수 없지만, 상대방에게 소송보다는 협의이혼을 하자고 설득하시는 편이 서로에게 훨씬 이득일 거라 생각됩니다. 협의이혼의 장점과 절차에 대해서는 PART 3에서 자세히 말씀드리도록 하겠습니다.

그럼 민법에서 정한 이혼 사유를 자세히 설명해드릴게요.

민법 제840조 재판상 이혼 사유

1. 배우자에 부정한 행위가 있었을 때
2. 배우자가 악의로 다른 일방을 유기한 때
3. 배우자 또는 그 직계존속으로부터 심히 부당한 대우를 받았을 때
4. 자기의 직계존속이 배우자로부터 심히 부당한 대우를 받았을 때
5. 배우자의 생사가 3년 이상 분명하지 아니한 때
6. 기타 혼인을 계속하기 어려운 중대한 사유가 있을 때

민법상 이혼 사유 제1호에서 배우자의 부정한 행위란, 상대방의 외도, 불륜 등 정조 의무를 벗어난 행위를 말합니다.

2호 악의적인 유기란, 정당한 이유 없이 동거, 협조, 부양의무를 하지 않는 것을 뜻합니다. 대표적인 예는 가출을 해서 수년 간 돌아오지 않는다거나, 혼인 기간 중 생활비를 전혀 주지 않는 경우가 있습니다.

3호와 4호에서 심히 부당한 대우란, 객관적으로 볼 때 혼인 관계 지속을 강요하는 것이 가혹하다고 볼 만큼의 심한 폭행, 학대, 모욕 등이 이에 해당합니다. 남편이 부인이나 처부모에게, 부인이 남편이나 시부모에게, 혹은 처부모가 사위에게, 시부모가 며느리에게 위와 같은 부당한 대우를 하는 경우 민법상 이혼 사유에 해당합니다.

5호는 배우자의 생사를 모르는 상태가 3년 이상 지속된 경우를 말합니다.

6호 혼인을 계속하기 어려운 중대한 사유는 구체적인 예시 규정이 아니라서 그 기준이 좀 모호하게 느껴질 수 있습니다. 1~5호에 해당하지 않으나, 누가 봐도 혼인을 계속하기 어렵다고 판단될 만큼 중대한 문제를 가진 경우가 이에 해당합니다. 판례에 따르면, 혼인의 본질인 원만한 부부 공동생활 관계가 회복될 수 없을 정도로 깨져 그 혼인 생활의 계속을 강제하는 것이 한쪽 배우자에게 참을 수 없는 고통이 되는 정도를 의미합니다. 혼인 계속 의사 유무, 파탄의 원인에 대한 당사자의 책임 유무, 혼인 생활 기간, 자녀의 유무, 당사자의 연령, 이혼 후의 생활 보장 등 여러 제반 사정을 고려하여 사안마다 이혼 여부를 판사가 판단합니다.

말씀드렸지만, 협의이혼을 하면 위와 같은 사유가 없어도 됩니다. 서로 '우리 이혼하자'라는 의사만 합치된다면 아무런 이혼 사유가 없어도 됩니다. 하지만 어느 한쪽이라도 이혼을 하고 싶어 하지 않아서 소송을 해야 하는 경우에는 법이 정한 이혼 사유가 있어야 합니다.

민법상 이혼 사유는 협의이혼을 하더라도 위자료 등을 논할 때 참고가 되고, 추후 소송으로 번질 시 반드시 숙지가 필요한 사항이므로 한 번쯤 눈으로 봐두셔도 좋겠습니다.

이혼을 막기 위한
최선의 노력

마지막으로 한 번 더 브레이크를 걸어봅니다. 상대방에게 이혼 이야기를 꺼내기 전에, 정말로 이혼을 하기 전에, 이혼을 막기 위한 최선의 노력을 다해보셨나요? 마지막 기회라고 생각하고 상대방과 진지한 대화를 시도해보셨나요?

감정싸움이나 말다툼으로 끝난 대화를 말하는 것이 아닙니다.

"나는 이러이러한 점이 힘들어, 계속 이런다면 결혼 생활을 유지하기는 힘들 것 같아."

이혼 결심

"이런 문제를 개선하기 위해서 당신이 이렇게 노력해주면 좋을 것 같아. 나도 앞으로 이러이러하게 노력할게."

위와 같이 진솔한 '대화'가 반드시 필요합니다.

소통 전문가들은 대화를 할 때, I-message를 통해 이해를 구하라고 조언합니다. 상대방을 비난하지 말고 나의 감정을 위주로 이야기하라는 것입니다. "네가 무엇을 잘못했잖아"가 아닌 "내가 이러이러해서 힘들어" 이런 식으로 말입니다. 둘이 직접 대화하기가 힘들다면 부부관계 전문 상담가를 만나보시기를 권합니다. 그 밖에 이혼을 막기 위해서 내가 할 수 있는 것들을 생각해봅니다.

이혼만 하면 행복한 삶이 시작될 것 같겠지만, 이혼 후 후회하시는 분들을 종종 뵙게 됩니다. "만약 내가 이혼하지 않았다면 지금 같은 문제는 없었을 텐데, 조금만 더 참을걸…" 하고요. 사람은 언제나 내가 가지 않은 길에 대한 아쉬움을 가지기 마련인가 봅니다. 마치 그 길에는 지금과 다른 핑크빛 세상만이 펼쳐져 있는 것처럼 말이죠.

그 후회를 줄이기 위한 방법은 하나입니다. 어떤 결정을 내리든, 내가 최선을 다하는 것입니다. 내가 진짜 이것까지 해봤다 싶을 만큼 할 수 있는 모든 최선을 다하고 나면, 향후 어떤 선택을 하든 내가 한 선택에 자신감을 얻게 될 것입니다. 인생을 조금 더 용감하고 긍정적으로 살 힘도 자연히 따라올 테고요.

　어쩌면 제가 이 책을 쓰는 가장 큰 이유도 여러분들의 후회를 막기 위함입니다. 저와 함께 더 신중히 생각해보고, 계획해보고, 계산해보고, 공부해본 후에 이혼해도 늦지 않습니다. 후회도, 미련도 없을 만큼 최선의 노력을 해보았다는 생각이 든 후에 결정하셔도 괜찮습니다.

생각거리

• 마지막으로 배우자와 진지하게 대화를 시도해본다면, 어떤 이야기를 하고 싶으신가요? I-message를 통해 이해를 구하고 개선할 점을 이야기해보는 것도 좋을 것 같아요. 단, 상대방을 비난하지 않도록 주의하는 것도 잊지 마세요.

(예시) 나는 이런 점이 힘들어

    이런 것 때문에 결혼 생활을 유지하기가 힘들어

    나는 이러이러한 점을 고칠 테니 당신은 이런 점을 고쳐줘

    서로 이러이러하게 노력해보자

- '이혼을 막기 위해 이런 것까지 해봤다' 하는 것들을 모두 적어봅니다.

  (예시) 진지한 대화를 시도해보았다

     부부 상담을 받아보았다

이혼 준비

이혼 이후의 삶부터
치밀하게 구상해야 합니다

필요한 것은
용기와 경제력

이혼에서 가장 필요한 것은 무엇일까요? "결혼은 현실"이란 말을 많이 들어보셨을 거예요. 실제로 살아보니 "결혼은 돈이 전부"라고 말씀하시는 분들도 계셨습니다. 이혼도 이와 다르지 않습니다. 이혼도 현실입니다. 어떤 변호사님은 "이혼 후에 어떻게 먹고살 건가요?"라는 질문에 대답을 못 하면, 이혼 소송을 수임하지 않는다고 하셨습니다. 일단 대책을 마련한 후에 다시 오라며 돌려보낸다고 하네요. 야박하고 오지랖 같지만 이해는 됩니다.

특히 자녀 양육 때문에 경력이 단절되었거나 현재 수입이 없는 분은 이혼 후 생계 수단을 진지하게 고민하셔야 합니다. 그 답이 선명하게 내려지지 않는 한 절대 이혼하시면 안 됩니다. 이혼 후의 삶은 이혼 전보다 행복해야 하니까요.

물론 재산분할이나 위자료를 받을 수는 있습니다. 하지만 재산분할로 받은 돈으로 평생 일하지 않고 살아가는 사람은 드라마 속에만 있습니다. 대부분 재산분할은 많아야 부부 공동 재산의 30~50%, 평균적으로 대략 2~3억 원 정도입니다. 위자료를 받는다 해도 2~3천만 원에 불과합니다. 게다가 소송이 예상보다 길어져 재산분할과 양육비를 바로 받지 못하거나, 받더라도 기대 이하일 때 등등 모든 경우의 수를 고려해야 합니다. 막연히 재산분할과 양육비를 믿고 있다가 기대와 너무나 다른 현실에 막막해질 수 있습니다.

지레 겁먹고 포기하라는 말은 아닙니다. 돈 없으면 이혼을 못 한다는 엄포도 아닙니다. 부자만 이혼하는 것도 아닙니다. 그렇지만 이혼은 아무나 하는 것도 아닙니다. 이혼은 용기와 경제력, 자립하겠다는 의지가 없으면 정말 하기 쉽지 않은 선택입니다.

이혼하기 위해 새로운 일을 시작하는 분들도 많습니다. 네일 아트 기술을 배워 가게를 차리거나, 방문학습지 교사를 하며 돈을 벌거나, 자그마한 카페를 여는 등 많은 분들이 용기를 가지고 이혼 후의 새 삶을 차근차근 준비하셨습니다. 중고 거래 사이트에서 명품이나 물건을 팔아 소송 비용을 지불하고 재산분할을 받을 때까지 버티는 분도 있고, 이혼을 결심한 순간부터 필라테스 강사 자격증을 따서 결국 필라테스 학원을 차린 분도 있었습니다. 이렇게 용기 있게 결단을 내리신 분들이 많습니다.

현재 수입원이 있다면 월 소득액이 어느 정도인지, 수입원이 없다면 앞으로의 계획을 자세히 떠올려봅니다. 당장이 아니어도, 몇 개월 후에는 무엇을 하고, 그 후에는 무엇을 할지 차근차근 계획을 세워도 됩니다. 후회 없는 이혼을 위해선 조금 시간이 걸려도 괜찮습니다. 이런 계획 없이 섣불리 이혼하자고 했다가 오히려 경제적인 부분 때문에 더 힘든 상황을 초래할 수 있습니다. 불편하고 힘들더라도 경제적인 자립 문제를 진지하게 들여다보시고, 구체적인 계획을 적어보시기 바랍니다.

• 현재 수입원이 있다면 구체적인 액수와 앞으로 수입을 증가시킬 방법을, 현재 수입원이 없다면 경제적 자립을 위하여 무엇을 할 것인지 적어봅시다. 당장 성과가 있지 않아도 차분히 계획부터 세워보는 것이 중요합니다.

(예시) 2022. 09. 30 필라테스 자격증 과정 수료하기

2022. 12. 10 필라테스 자격증 따기

2023. 01. 15 필라테스 강사로 일하기

2026. 03. 20 나의 필라테스 사업체 만들기

새 거주지 물색할 때
고려 사항

"누구 좋으라고 집을 나가요? 저는 끝까지 버틸 거예요"라고 말씀하시는 분들도 많지만, 막상 이혼을 하면 이사를 해야 하는 경우가 빈번하게 발생합니다. 이혼을 준비하는 동안 서로 같은 공간에서 지내기가 어려울 수 있고, 이혼 후에도 재산분할을 하게 되면 거주 중인 아파트를 처분하는 경우도 있기 때문이죠. 그래서 거주지 문제를 반드시 생각해보셔야 합니다.

물론 누가 나가서 지내야 한다는 원칙이나 법은 따로 없습니다. 이혼 후에는 재산분할 방법에 따라 거주 중인 집의 명의를 보유하기로 한 사람은 계속 거주하고, 돈을 정산받기로 한 사람은 새 거주지를 물색해야겠지요. 양쪽 모두 이사하기로 하는 경우도 많고요.

주거와 육아를 병행하는 경우라면 부모님과 함께 살거나 가까운 곳에 사는 것이 좋습니다. 주거와 양육에 대한 부담을 나눌 수 있으니까요. 그러나 부모님이 계시지 않거나, 함께 사는 것이 불가능한 경우도 있습니다. 혹은 이혼 후에 부모님과 함께 사는 어려움이 크다고 호소하는 분들도 계시는데요. 이미 라이프스타일이 달라져버린 부모님과 함께 사는 것이 불편하기도 하고, 이혼으로 힘든 와중에 부모님의 걱정과 잔소리, 간섭 등을 감내하는 게 쉽지 않다고 말씀하시곤 합니다.

또한 자녀의 교육 시설, 직장과의 거리 문제도 고려해야 하고요. 무엇보다 이혼 후 적절한 주거지를 마련하는 데 가장 중요한 것은 '비용을 어떻게 마련할 것인가'이므로, 이에 대하여 미리 계획을 세워두시기 바랍니다. 이 모든 것을 고려하여 이혼 이후 어디서 살 것인지, 비용은 어떻게 마련할 것인지 신중히 답을 내리시기 바랍니다.

• 이혼 이후 새 보금자리를 고민할 시간입니다. 어떤 점들을 고려해야 할까요?

　(예시) 직장과의 거리

　　　　본가와의 거리

　　　　경제적 여력

　　　　자녀 양육 시설, 혹은 교육 시설과의 거리, 전학 등의 문제

　　　　본가와 합가 여부

이혼 후 생활비
예상하기

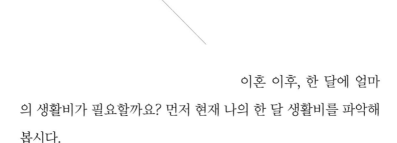

이혼 이후, 한 달에 얼마의 생활비가 필요할까요? 먼저 현재 나의 한 달 생활비를 파악해 봅시다.

평소 가계부를 꾸준히 써온 사람이라면 한 달 치 경제 규모를 파악하는 것이 그리 어렵지 않을 것입니다. 하지만 그동안 짜임새 없는 지출을 해왔거나, 경제권을 배우자에게 맡긴 채 무심했다면 이제는 절대 그러시면 안 됩니다. 가계부 작성이 익숙하지 않은 분들은 시중에 나온 가계부 책을 한 권 사서 적어보시길 추천합니다. 아니면 가계부 작성법을 알려주는 유튜브를 봐도 좋고요.

가계부가 없으신 분들은 다음 페이지를 활용하시고, 이미 사용 중이신 분들은 앱을 켜거나 가계부를 펼쳐보세요. 그리고 펜과 계산기를 준비합니다. 이제 한 달 총수입, 총지출, 고정비, 의료비, 자녀에게 소요되는 양육비 등등 최대한 세세하게 적어보세요.

자, 현재(이혼 전) 한 달 생활비가 파악되었나요? 그다음에는 이혼 이후 '예상' 수입과 지출을 적어봅니다.

이혼 이후에는 안타깝게도 가계소득이 줄어드는 경우가 많습니다. 특히 출산과 양육으로 직장을 관둔 여성은 이혼 이후 새로운 직장을 찾으시는 경우가 많은데요. 양육자가 경제활동을 병행하는 경우에는 일하는 시간 동안 양육을 보조해줄 사람도 찾아야 하고, 이때 추가 지출이 발생할 수 있습니다. 그래서 재산분할과 양육비를 받는다고 해도 매월 가계소득이 이전보다 줄어들 수 있습니다. 또한 재산분할과 양육비를 예상한 것보다 적게 받게 될 경우도 대비하여야 하고요.

그러나 이혼 이후에도 사람은 쉽게 변하지 않고, 소비 수준을 갑자기 바꾸기는 힘듭니다. 현재의 소비 규모와 습관이 이혼 이후에도 지속될 가능성이 크다는 뜻입니다. 그래도 노력해야겠지요. 고정지출과 변동지출 중에서 어떤 부분을 얼마나 줄일 수 있는지 계산해보세요. 유튜브만 봐도 생활비 줄이는 방법이 넘쳐납니다. 혹은 일정 기간만이라도 가능하다면 부모님으로부터 도움을 받는 등 다른 방법을 강구해볼 수 있습니다.

이 작업은 재산분할과 양육비를 협의할 때도 도움 됩니다. "내가 아이를 데리고 살려면, 한 달에 적어도 이 정도가 필요해. 물론 지금처럼은 살 수 없겠지. 나도 파트타임으로 일을 구했고, 아이 학원 수도 줄이려 해. 그래도 한 달에 이 금액 이하로는 힘들어." 이렇게 내가 어디까지 요구하고 양보할 수 있는지에 대한 구체적인 근거가 되어줍니다.

이렇게까지 해야 하나 싶을 만큼 귀찮고 고된 과정일 수 있습니다. 하지만 이혼 후 경제적인 문제를 막연하게 생각하는 것과 면밀히 계산해보며 대책을 마련하는 것은 천지 차이입니다. 이 작업을 통해 좀 더 준비된 이혼으로 한 발짝 다가가봅시다.

• 현재 한 달 생활비와 이혼 이후 예상 가계부도 적어봅니다. 예상 수입이 줄어든다면 어느 부분에서 지출을 줄일 수 있는지 생각해봅니다.

분류	현재	이혼 후	감액 가능 여부
주거비 (월세, 대출이자, 관리비)			
통신비			
보험			
연금			
적금			
식비			
교통비			
피복비			
의료비			
꾸밈비			
자기계발비			
자녀 교육비			
자녀 통신비			
자녀 용돈			
경조사비			
총계			

이혼 준비 비용
마련하기

지금까지는 이혼 이후 경제적 자립에 대해 말했다면, 이번에는 이혼을 준비하는 기간부터 이혼하기까지의 비용을 이야기해보겠습니다. 이는 이혼하는 과정에서 바로 바로 지출해야 하는 비용이기에 더욱 철저히 준비해두셔야 합니다.

소송은 최소 6개월에서 길면 1년 이상이 소요됩니다. 협의이혼으로 진행해도, 모든 절차가 마무리되기까지 적어도 3~6개월이 걸리고요. 그 시간 동안 나에게 얼마큼의 돈이 필요한지 미리 알고 대비해야 하겠지요. 이를 편의상 '이혼 준비 비용'이라고 부르겠습니다.

이혼 절차가 시작되면, 부부 중 일방이 경제활동을 하는 경우에는 경제활동을 하는 쪽에서 생활비를 끊는 것으로 상대를 압박하는 경우가 많습니다. 이를 대비하고 준비하지 못하는 경우, 매우 당황스러울 수밖에 없는데요. 이혼 준비 기간에도 기본적으로 생활하는 데 의식주 비용이 소요됩니다. 그뿐 아니라 별거 중 자녀를 내가 데리고 있을 경우 양육비를 혼자 부담하여야 합니다. 물론, 소송 기간 동안의 양육비를 지급해달라는 가사소송법상의 사전처분도 있지만 임시로 정하는 것이다 보니 보통 인정되는 액수가 그리 크지 않습니다.

협의이혼이 아닌 소송으로 이혼을 할 경우에는 여기에 수백만 원의 변호사 선임비나 기타 소송비가 추가로 듭니다. 가족 중 누군가 아프게 된다면 갑작스런 병원비가 필요할 수도 있고요. 그러므로 가능한 구체적으로 나의 상황을 떠올려보고 꼼꼼히 어디에 얼마가 필요할지 예상해보세요. 현재 가지고 있는 여유 자금이 얼마나 있고, 이걸로 얼마나 버틸 수 있는지 확실하게 파악해야 합니다.

이혼 준비 기간 동안 사용할 돈이 마련되어 있지 않다면 그 비용을 어떻게 마련할 것인지 생각해보는 것이 먼저입니다. 생활비를 미리미리 저축하는 것은 기본이고, 아르바이트나 블로그 부업 등의 일거리로 돈을 모으시는 분도 계셨습니다. 길지 않은 기간이니 부모님이나 주변의 도움을 받을 수도 있습니다.

이혼 준비 비용조차 마련되지 않는다면, 그래서 당장 몇 개월 조차 버틸 경제적인 여유가 없다면, 이혼 시기 및 여부를 신중히 생각하셔야 합니다. 다음 페이지 생각거리에서 이혼 준비 비용을 어떻게 마련할 것인지 계획해봅시다.

생 각 거 리

• 이혼 전후 최소 6개월~1년간의 이혼 준비 비용을 계산해봅니다.

	1개월 치	3개월 치	6개월 치	1년 치
생활비				
양육비				
소송비				
기타				
총액				

· 이혼 준비 비용을 어떻게 마련할 계획인가요? 적어도 6개월에서 1년을 버틸 경제적인 비용이 마련됐을 때 이혼 이야기를 꺼내는 게 안전합니다.

(예시) 생활비 저축(한 달에 얼마씩 언제까지 얼마 모을지 구체적으로)

아르바이트

본가의 도움

중고 물품 처분하기

앞으로 달라질
하루 일과 대비하기

"눈앞에 닥친 이혼이 현실로 느껴지지 않아요." 이혼 이후 막연히 행복한 모습을 꿈꿨으나, 구체적으로 어떤 모습으로 어떻게 살아가게 될지 잘 그려지지 않는다는 분들이 많습니다.

그렇다면 하루 일정을 예상하여 계획해보는 것은 어떨까요? 우선 평일과 주말을 나눕니다. 양육과 경제활동을 함께하고 있다면, 경제활동과 자녀의 교육 활동 스케줄을 잘 조율해야 합니다. 특히 둘이 함께하던 일을 이제 혼자 하게 된 만큼, 내가 담당하지 않았던 일도 일정에 추가해야 합니다. 예를 들어볼게요. 먼저, 현재 하루 루틴을 적어봅니다.

7시 기상 → 출근과 아이 등교 준비 동시에 → 나는 직장으로 출근, 배우자가 아이 등교시켜줌 → 5시 퇴근하면서 내가 아이 픽업

이런 상황에서 만약 내가 양육권자가 된다면 이제는 아이 등교까지 책임져야 하는 상황이 발생합니다. 그것이 스케줄상 가능한지, 얼마나 더 일찍 일어나야 할지, 아이 학교와 내 직장의 동선이 어떠한지 등을 파악해야 하죠. 만약 불가능하다면 부모님이나 등원 도우미의 도움을 받아야 할 수도 있습니다. 비양육권자라도 마찬가지입니다. 특히 주말에는 면접 일정을 고려하여 자녀를 위한 시간을 마련해둬야 합니다.

대략의 시간표를 만들어보는 것만으로도, 이혼 이후의 삶을 구체적으로 그려볼 수 있습니다. 철저한 대비를 위하여 플래너를 만드는 것, 꼭 필요한 일이라 생각합니다.

• 이혼 이후 일정표를 적어봅시다.

시각	평일	주말
6		
7		
8		
9		
10		
11		
12		
13		
14		
15		
16		
17		
18		
19		
20		
21		
22		
23		
24		

메모

해야 할 일

변호사 선임을
꼭 해야 할까

"변호사를 꼭 선임해야 할까요? 솔직히 말씀해주세요"라고 물으시는 분들이 종종 계십니다. 전체 이혼의 80~90%는 변호사 선임 없이, 이혼 소송 없이 양 당사자의 합의에 따라 이혼합니다. 꽤 높은 숫자죠? 저도 무조건 변호사가 필요하다고 생각하지는 않습니다. 그렇지만 변호사가 꼭 필요한 경우도 있습니다.

먼저, 부부의 자산 총액이 큰 경우입니다. 두 사람의 합산 재산이 많은 경우에는 변호사를 선임하시라고 말씀드립니다. 재산분할 10~20%로 몇 억 원이 왔다 갔다 하는 마당에 변호사 비용을 아끼기보다는 변호사를 선임하는 편이 훨씬 안심이 될 거라 생각합니다.

간혹 상대방에게 재산분할을 해주기 싫어서 자기 재산을 빼돌리는 경우도 종종 발생하는데요. 이때는 미리 가압류와 가처분 같은 보전처분을 사전에 신속하게 챙겨야 합니다. 소송을 거쳐 승소 판결을 받은 경우도 마찬가지입니다. 상대방이 판결문대로 이행하지 않을 경우 강제집행을 해야 해요. 이와 같이 별건의 소송을 진행해야 한다면, 법률적인 요건도 복잡하고 쟁점이 많아져 법률가가 아닌 일반인이 혼자서 진행하기에는 어려울 수 있습니다. 재산분할에 있어 별건의 소송이 필요하거나 치열한 다툼이 예상되는 경우, 변호사를 선임하시기를 권합니다.

또한 이혼 여부에 관하여 서로 합의가 되지 않는 경우, 이혼할 수 있는 방법은 소송뿐입니다. 상대방의 귀책사유를 입증해서 이혼 판결을 받아야 하니까요. 이혼을 원치 않는 상대방도 피고로서 소송에 대응해야 합니다. 일단 소송이 진행되면 혼자 진행하기 쉽지 않으니 변호사 선임을 생각해볼 수 있습니다. 특히 양육권자에 대한 합의가 이루어지지 않은 경우, 변호사를 선임하는 편이 신속하고 정확한 해결책을 찾는 데 도움 될 것이라 생각합니다. 양육권에 대한 다툼은 치열하고, 간절한 경우가 많기 때문입니다.

협의이혼을 할 때는 변호사가 굳이 필요하지 않을 수 있습니다. 양 당사자 모두 이혼 의사가 있고, 이혼 조건에 대한 합의가 잘 이루어진다면 말이지요. 하지만 이때에도 합의가 제대로 이행되지 않을 경우를 대비하여 합의서를 공증하거나 더 확실하게 법원에 조정 신청을 하여 판결문과 동일한 효력인 조정조서를 받아놓는 것이 도움 됩니다.

변호사를 정식으로 선임하지 않더라도, 법률 전문가를 한번 만나보는 것이 좋습니다. 객관적이고 냉정하게 이혼 절차와 결과를 내다볼 수 있으니까요. 간혹 변호사와의 상담을 어렵게 생각하시는 분들이 있습니다. 병원에 진료 예약을 하는 것과 다르지 않아요. 병원 가기를 늦추면 상처가 곪듯이, 변호사와 상담이 필요한 상황에서도 머뭇거린다면 곤란합니다.

물론 '변호사 쇼핑'처럼 여기저기 변호사 사무실만 돌아다니시는 건 시간 낭비라고 생각합니다. 또한 변호사가 아닌 비법조인(사무장)과의 상담만으로 선임 계약을 하거나, 심지어 변호사 상담도 없이 혼자서 합의서를 쓰고 덜컥 이혼부터 해버리는 것은 위험한 행동입니다. 자칫 나에게 불리한 조건으로 이혼을 하면, 이를 다시 되돌리기가 불가능하거나 힘들기 때문입니다. 인생의 중요한 결정인 만큼 전문가로부터 정확하게 이야기를 듣고 난 후에 이혼 여부와 조건을 결정하시는 것이 현명합니다.

변호사 대부분이 유료 상담을 진행하고 있습니다. 오히려 무료 상담을 미끼로 영업하는 변호사를 피해야 합니다. 당연하게도, 무료 상담은 상담의 질이 낮고 법률 검토를 제대로 하지 않을 가능성이 크니까요. 변호사 상담을 받았다고, 반드시 그 변호사를 선임해야 한다는 법도 없습니다. 그러니 부담 갖지 마시고, 진심으로 나를 위하여 상담해주는 변호사를 찾아보시기를 권합니다.

생 각 거 리

✓체크리스트 나의 이혼에 변호사가 반드시 필요한지 체크해보세요.

☐ 이혼에 합의가 되지 않았다.

☐ 양육권, 재산분할 등 첨예하게 대립 중이다.

☐ 재산 총액이 일정액 이상이다. (재산이 많다.)

☐ 보전처분(가압류, 가처분) 등이 필요하다.

☐ 상대방이 재산을 빼돌린 정황이 있다.

☐ 상대방의 재산에 대해 잘 모른다.

☐ 상대방으로부터 이혼 소장이 날아왔다.

시간과 돈을 아끼는
변호사 상담 방법

용기 내서 찾은 변호사 사무실. 이제 무엇을 물어봐야 할까요? 배우자를 처음 만난 순간부터 지금에 이르기까지 시시콜콜 모든 과정을 이야기하는 것은 상담에 도움 되지 않습니다. 또한 감정적인 이야기나 신세 한탄을 늘어놓는 것도 마찬가지입니다. 본인이 생각할 때 중요한 사실관계 또는 법적 쟁점에 대한 사실을 우선 이야기하는 것이 좋습니다.

상담 시간이 정해져 있으니 무엇보다 제한된 시간 내에 법률 전문가에게 답을 구할 수 있는, 꼭 필요한 것들을 물어야겠죠. 이

이혼 준비

혼 가능 여부, 적용 법조, 법률적인 유불리, 예상되는 재산분할 정도, 최근 재산분할의 동향 등 가능하다면 많은 것을 물어보세요. 질문을 미리 생각해서 적어가는 것도 현명한 방법입니다.

이때에도 "반드시 이길 수 있을까요?", "승소 가능성은 몇 %로 보세요?", "재산분할을 얼마나 받을 수 있는지 정확하게 말씀해주세요" 같은 질문은 정확한 답변을 받기 어렵습니다. 재판은 과학의 영역이 아니라 사람(판사)이 판단하는 일입니다. 즉 사람마다 판단을 다르게 내릴 수 있고, 예상치 못한 사실관계가 재판에서 드러나는 경우도 많아 경험이 많은 전문가는 위 같은 질문에 확실하게 대답하지 않습니다. 오히려 100% 확신을 갖는다거나 반드시 이기게 해주겠다는 변호사를 주의하셔야겠죠.

내 상황에 적용되는 법률 쟁점이 무엇인지, 판례는 불리한지 유리한지, 내가 준비해야 할 증거는 무엇인지, 특히 유의해야 할 사항이 있는지 등을 객관적이고, 자세하게 알기 위해서는 전문가와의 상담이 가장 빠른 길입니다. 부디 나에게 맞는 좋은 변호사를 찾아서 상담을 받아보시기를 당부합니다.

한 가지 더 부탁드리고 싶은 것이 있습니다. 변호사는 당신의 편에서 함께 싸워주는 사람입니다. 부끄럽거나 불리한 이야기라며 변호사에게마저 정보를 숨기면, 자칫 재판 중 사실이 밝혀져 낭패를 볼 수 있습니다. 변호사는 의뢰인의 비밀을 보장할 의무도 있어 안전합니다. 그러니 처음부터 솔직하게 털어놔주세요. 의뢰인의 잘잘못을 따져 비난하거나 한편이 되어주지 못하는 변호사는 대리인으로서 자격 미달이라고 생각합니다. 그러니 부디 솔직하게 털어놔주세요! 여러분의 문제 해결에 큰 도움이 됨은 물론 든든한 내 편을 얻게 될 것입니다.

생각거리

· 변호사에게 무엇을 상담하고 싶나요?

(예시) 이혼 가능할까요?

나는 이혼을 원하지 않는데 상대방은 원하면 어떡하나요?

반대로 나는 이혼을 원하는데 상대방은 원하지 않을 경우 어떡하나요?

제 상황이 양육권을 가져오는 데 법률적으로 불리한가요?

재산분할로 대략 어느 정도를 받을 수 있나요?

이혼 사실,
누구한테까지 알릴까

"누구한테까지 이혼 사실을 알려야 할지 모르겠어요." 이혼 사실을 누구한테까지 알려야 할지 고민하시는 분을 종종 뵙게 됩니다. 어떤 분은 이혼하고 나니, 이혼 사실을 말할 수 있는 사람과 아닌 사람으로 인간관계가 한번 정리가 됐다며 시원섭섭해하셨습니다. 이혼하시는 분들 대부분이 한 번쯤 고민해보셨을 현실적인 질문입니다.

부모나 자녀에게는 언제, 어떤 방법으로 이혼 결심이나 이혼한 사실을 알려야 할까요? 다른 사람은 몰라도, 부모님이나 자녀에게는 차마 입이 떨어지지 않는다는 분도 계시는데요. 가까운 사람일수록, 조금 더 시간을 가지고 스스로 생각이 정리된 후에 이야기를 하는 것이 좋다고 생각합니다. 그렇다면 가깝지 않은, 일 년에 한두 번 보는 친지에게는 꼭 이혼 사실을 말할 필요가 있을까요? 생각해볼 문제입니다.

직장의 경우는 어떨까요? 직장은 구성원의 성향에 따라 분위기가 많이 좌우되는 것 같습니다. 개인의 사생활에 대해 언급하는 것조차 실례라고 생각하는 곳이 있는가 하면, 보수적인 직장에서는 이혼 사실만으로 결격사유가 있는 사람처럼 취급하기도 합니다. 이전에 이혼을 한 사람을 어떻게 대했는지를 살펴보면, 직장의 분위기를 대충 가늠할 수 있을 겁니다. 그에 따라 자신만의 기준을 세울 수 있을 것이고요.

친구들은 어떨까요. 나의 이야기를 가벼운 흥밋거리로 생각하여 남에게 말을 옮기지 않을, 나를 진심으로 대하는 친구들에게만 알리는 것으로 기준을 세워볼 수도 있습니다. 어떤 사람들은 타인의 이혼을 가십거리처럼 쉽게 이야기하거나, 심지어는 없는 이야기까지 살을 덧붙여 남에게 옮기기도 하니까요. 그런 친구라면 당분간이라도 피하는 편이 좋을 것이라 생각합니다.

이 질문에 정답은 없습니다. 이혼 소송 중인데도 부모님에게까지 숨기는 사람, 지인 모두가 내 사생활을 알 필요는 없다며 극소수에게만 털어놓는 사람, 이혼이 죄도 아닌데 왜 숨겨야 하냐며 "저 이혼했습니다!"를 인사처럼 외치고 다니는 사람, 이혼 전에 친하게 지내던 사람들에게만 이혼 사실을 알리는 사람 등 저마다 기준과 이유가 제각각입니다.

모든 사람에게 이혼 사실을 다 알려야 할 필요도, 대부분의 사람과 연락을 끊고 지낼 필요도 없습니다. 자신이 가장 편한 대로 하면 됩니다. 다만 상처받지 않기 위해서는 미리 신중히 생각해서 그 기준을 정해둘 필요는 있습니다. 적어도 나만의 기준이 있어야 나이나 결혼 여부 등 사생활을 아무렇지도 않게 초면에 묻는 한국 사회에서 조금은 덜 어렵게 살아갈 수 있을 것이라 생각합니다. 다음 질문을 함께 생각해보면서 나만의 답을 적어봅시다.

· 나의 이혼에 대해 누구에게, 언제 알릴 것인지 적으며 생각을 정리해보고,
나만의 기준을 마련해봅시다.

이혼
멘토 찾기

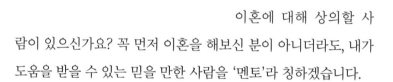

이혼에 대해 상의할 사람이 있으신가요? 꼭 먼저 이혼을 해보신 분이 아니더라도, 내가 도움을 받을 수 있는 믿을 만한 사람을 '멘토'라 칭하겠습니다.

이혼이라는 쉽지 않은 과정을 이겨내려면 나를 지원하고 지지해줄 사람이 필요합니다. 이혼을 고심하고 결정하는 과정을 겪다 보면 배우자와의 다툼, 시가나 처가의 부당한 대우 등 수많은 문제를 마주하게 되니까요. 그러나 그때마다 주변 사람들에게 섣불리 내 상황을 공유했다가는 나의 사생활이 그저 흥미로운 가십이 되어 괜한 구설수에 오르지 않을까, 걱정할 수밖에 없습니다.

따라서 나의 사생활을 지켜줄 수 있고, 남 앞에서 나의 험담을 하지 않을 사람, 실컷 고민 상담 해놓고 설령 이혼하지 않더라도 민망하지 않을 각별한 사람에게만 나의 이야기를 털어놓는 게 바람직하다고 생각합니다. 그 사람은 부모님이나 형제, 자매일 수도 있고, 이혼을 경험해본 지인일 수도 있고, 절친한 친구일 수도 있습니다.

특히 이혼을 직접 경험해본 사람이 옆에 있다면, 가장 좋은 멘토가 되어줄 텐데요. 감정적인 위로뿐 아니라 객관적인 시각에서 현실적인 조언을 해줄 수 있기 때문입니다. 만약 주변에 이혼한 사람이 없다면, 책이나 인터넷을 통하여 자신의 이혼 경험담을 공유한 사람들이 많으니 그것들을 읽어보며 간접경험 하는 것도 괜찮은 방법이라 생각합니다.

다만 최근 온라인 커뮤니티가 발달하면서, 이혼 카페 등 이혼 커뮤니티도 활발한데요. 나와 비슷한 상황의 사람들을 만나 마음을 나누고 위로를 받는 것은 좋습니다. 그러나 한 번 만나본 적도 없고, 이름과 직업도 모르는 익명의 누군가의 말을 맹신하거나, 잘못된 법률 지식을 듣고 자신의 경우에 그대로 적용한다면 큰 낭패를 볼 수도 있으니 주의하시기 바랍니다.

이혼은 혼자 가기에는 힘든, 생각보다 길고 험난한 여정입니다. 가능하다면 내 속사정을 믿고 말할 수 있는 현실적인 조언자를 곁에 두시면 좋겠습니다.

이혼 준비

· 누가 나의 멘토가 될 수 있을지 생각나는 사람을 적어봅니다.

(예시) 주변에 이혼을 먼저 경험해본 사람 ○○ 선배

마음을 터놓을 절친한 친구 ○○○와 상담해보기

믿을 만한 인터넷 사이트 : www.

서점에 나가서 살펴볼 책 목록 :

마음 관리를 위해
해야 할 일

"저도 제가 왜 이러는지 모르겠어요." 이혼 과정이 생각보다 오래 걸리고 어렵다 보니, 마음 관리가 참 어렵습니다. 내 마음이 힘들다 보니 나도 모르게 분노가 치밀어 자녀에게 화풀이하기도 하고, 직장에서 일이 손에 잡히지 않거나 사람들을 만나는 것조차 힘들다며 마음의 어려움을 호소하시곤 합니다. 심지어 우울증이 생기거나 자살 충동을 느끼는 사람들도 있습니다.

도저히 견디기 힘들다면, 먼저 전문의 도움을 받기를 권합니다. 이혼을 준비하는 누구나 겪을 수 있는 문제이므로 도움을 구할 수 있는 곳에 손을 뻗으세요. 그것이 나를 지키는 최선의 방법입니다. 혹여 주변에 나의 마음 건강을 해칠 만큼 나를 비난하는 사람들이 있다면 그게 부모, 형제, 친한 친구라 할지라도 당분간 피하는 게 좋다고 생각합니다.

그 밖에 내가 할 수 있는 것들을 찾아봅시다. 내 기분을 나아지게 하기 위하여 무엇을 할 수 있는지 생각해보세요. 마음을 정리하는 여행을 다녀와도 좋고, 하루에 아주 작은 일이라도 행복 거리를 만들며 감사 일기를 쓴다거나, 믿을 만한 친구들을 만나 속을 털어놓으며 크게 울어본다든지, 새로운 취미를 만들거나 새로운 사람을 만나보는 것도 괜찮습니다. 산책을 하거나 요가나 명상을 하며 마음을 다스려도 되고요.

감정적으로 아무리 힘들다고 하더라도, 자녀에게 화풀이하거나 자녀에게 배우자를 험담하는 등의 행위는 양육권 소송 중이라면 결과에 좋지 않은 영향을 끼칠 수 있습니다. 또한 가사 조사에서 감정적으로 너무 힘들어한다거나 감정 기복이 심하다는 인상을 가사조사관에게 심어주면 이 역시 좋지 않은 영향을 미치니 주의합니다.

나를 가장 사랑하고 돌봐줄 수 있는 사람은 결국엔 나 자신입니다. 아무리 억울하고 슬퍼도, 이미 지나간 과거는 어찌할 수 없는 일입니다. 좋지 않은 일이 있을 때, 저는 개인적으로 "어제는 어젯밤에 끝났어"라고 되새기는데요. 가이드포스트지의 창설자인 노만 V. 필 목사의 말입니다. "어제는 어젯밤에 끝났다. 오늘은 새로운 시작이다. 잊는 기술을 배워라. 그리고 앞으로 나아가라." 지나간 과거만 곱씹다 보면 더 우울해질 뿐, 나아지는 것은 하나도 없습니다. 힘들고 어려워도 조금씩이라도 움직이세요. 지금 여기서 내가 할 수 있는 일부터 해나간다면 어느새 행복한 미래가 곁에 다가와 있을 것입니다.

・ 마음 건강을 지키기 위한 나만의 방법, 혹은 실천해보고 싶은 것들을 적어
봅니다.

(예시) 감사 일기 쓰기, 규칙적인 운동, 친구들 만나기, 새로운 취미 갖기,

여행 다녀오기, 가족이나 친한 친구라도 나를 비난하는 사람들은

피하기, 종교 활동이나 요가 명상 등 수련, 산책하기

내가 원하는
이혼 조건

배우자에게는 언제 이혼 이야기를 꺼내야 할까요? 그 전에 하나만 더 묻겠습니다. 정말 이혼에 대한 확신이 생기셨나요?

정말로 확신이 섰다면, 그다음에는 내가 원하는 이혼 조건을 정리해야 합니다. 특히 양육권과 재산분할은 협의가 잘 이뤄지지 않는 부분입니다. 따라서 이런 부분에 대해선 미리 논리적인 근거를 준비하여 불리한 조건으로 섣부르게 이혼하는 일이 없어야 할 것입니다. "이혼만 해준다면 재산분할 같은 건 필요 없어", "양육권을 준다면 아무 조건 없이 이혼해줄게" 같은 말은 절대

하면 안 됩니다. 지금 당장에는 이혼만 해준다면 감지덕지라고 생각해도, 위와 같이 이혼하면 나중에 후회하는 경우가 훨씬 많습니다. 이런 조건으로 이혼'만' 하고, 나중에 어렵게 다시 소송하는 경우를 많이 보았습니다.

특히 양육권의 경우, 나중에 마음이 바뀌어 양육권자 변경을 위한 소송을 한다고 해도 스스로 포기한 양육권을 되찾아오기란 여간 힘든 일이 아닙니다. 양육권을 포기했던 이력이 불리하게 작용할 뿐만 아니라, 자녀의 생활환경을 바꾸는 건 쉬운 일이 아니기 때문입니다. 재산분할 역시, 이혼한 날로부터 2년 내에 재산분할을 청구해야 한다는 제척기간이 있으니 이 역시 유념하시기 바랍니다.

이제 내가 생각하는 이혼 조건을 적어봅니다. 양육권자는 누구로 정할 것인지, 부부 공동재산은 어떻게 나눌 것인지 등등 자세히 적어봅니다. 지금 확답을 내리지 못해도 괜찮습니다. 그러나 법적으로 어떤 기준에 따라 결정되는지 모른다면, 지금 내가 타당한 주장을 하는 것인지 알 수 없습니다. 나의 조건이 나에게 유리한지, 불리한지도 알 수 없어 불안할 수밖에 없겠죠. 그러니 이런 법적인 부분을 앞으로 저와 함께 살펴보며, 일반적인 법리와 판례 등의 골격이라도 공부한 후에 상대방에게 이혼 이야기를 꺼내셔야 합니다.

처음 말을 꺼낼 때가 중요합니다. 처음부터 자신 없는 말투로, 모르는 것이 너무 티가 나게 이야기를 시작하면 좋은 협상을 하기 어렵습니다. 변호사 상담 결과, 판례 등을 근거로 대며 자신의 말에 정당성을 부여하는 방법도 좋은 전략입니다. 최소한 아래 내용이 이해가 될 때, 이혼 이야기를 꺼냅시다.

"나도 여러 가지 알아봤어. 책도 읽어보고, 공부도 하고, 변호사 상담도 했는데, 결혼 기간이 10년 이상이면 가정주부라도 재산분할은 40~50% 정도 된다고 하더라고. 지금 집을 당신이 해왔다고 해도 지금이랑 비교하면 시세가 많이 올랐잖아. 결혼 기간이 길고, 특유재산으로 어느 정도 의미가 있는지 모르겠네. 나 별로 욕심 안 부릴 테니, 이 정도 선에서 마무리하자."

다음 페이지에 내가 원하는 이혼 조건에 대해 적어봅니다. 이혼을 위한 협상은 피할 수 없는 일이고, 손해 보지 않는 협상은 나의 기준을 명확히 아는 것부터 시작합니다.

• 내가 원하는 이혼 조건을 적어보고 어떻게 이야기를 꺼낼지도 생각해
봅시다.

(예시) 변호사한테 물어보니 내가 이러이러한 면에서 유리하다더라

판례를 찾아보니 양육권자로 내가 유리하더라

양육권은 꼭 지켜야 한다

재산분할로 적어도 50%는 받고 싶다

이혼
일정표 짜기

이혼을 결정하는 것만으로 쉽지 않았는데, 그 이후에도 정말 할 일이 많으시죠? 이혼 이후에는 어떻게 살아갈지, 거주지, 금전적인 부분, 자녀 양육 등도 생각해봐야 하고, 이혼에 대해 공부도 해야 하고, 이혼 조건도 생각해봐야 하고, 할 일이 참 많습니다. 이럴 때는 일정표를 세워보는 것도 좋습니다.

이번에는 이혼 스케줄을 함께 적어봅니다. 먼저 이혼을 할지 말지를 생각해봐야겠죠. 이혼을 할까 말까 고민이 오래도록 끝나지 않는다면 언제까지 이혼 결심을 끝내고 더 이상 고민하지

이혼 준비

않겠다 같은 '고민 마감 시각'을 정해두는 것도 괜찮은 방법입니다. 계속 고민만 할 수는 없으니까요. 고민 마감 시각 이후에는 되도록 결정을 바꾸지 않기로 스스로 약속하시고, 그 시간 동안 치열하게 생각해보세요. 만약에 계속 결혼 생활을 유지하겠다고 결심이 섰다면, 가정을 위해서 열심히 노력하며 살아가시면 됩니다. 그게 아니라 이혼을 하기로 결정하셨다면, 계속 이 책과 함께 이혼 이후 행복한 삶을 잘 준비해봅시다.

이번 장에서 다룬 것(경제적 계획 세우기, 이혼 이후 한 달 생활비와 스케줄 정리하기, 변호사 상담받기, 이혼 준비 비용 마련하기, 거주지 알아보기 등)들을 하나하나 자신이 정한 순서대로 진행해봅니다. 사람마다 약간씩 다를 수 있으나, 이런 순서는 어떨까요? ① 이혼 이후에 대한 경제적, 생활적인 조망이 어느 정도 마무리된 후에 ② 전문가와 상담을 받는 등 이혼 법리 등에 대한 공부를 끝내고 이혼 조건 등을 스스로 정리한 후, ③ 상대방에게 이혼에 대한 이야기를 하는 것을 추천합니다. 그 후에 ④ 거주지를 알아보는 등 실질적인 행동이 필요할 것으로 보입니다.

첫 번째 단계인 이혼 이후에 삶에 대해 예상해볼 때는 경제적인 부분의 계획 수립이 가장 중요합니다. 몇 개월 후까지 이혼 준비 비용을 마련한다, 이혼 후 경제적 자립을 위하여 무엇을 한다

등 자신의 일정표를 펴고 계획을 적어봅니다. 몇 개월이 걸려도 괜찮고, 심지어 몇 년이 걸려도 괜찮습니다.

두 번째 단계인, 이혼에 대한 공부도 생각해봐야겠죠. 이 책을 언제까지 다 읽겠다, 변호사 상담을 언제 받겠다 등의 계획을 세워봅니다. 이혼을 잘하려면 자신이 공부하는 수밖에 없으니까요. 이를 통해서 자신이 원하는 이혼 조건을 적어둬야 하고요. 다음 장에서는 어떤 방법으로 이혼하는 것이 좋을지 함께 생각해볼 텐데요. 현실적으로는 소송을 하게 되는 경우를 대비하여, 나에게 유리한 증거를 모으고, 상대방 재산을 알아보는 일도 계획표에 넣어볼 수 있습니다.

마지막으로 자녀가 있다면, 이혼의 결심이 더는 번복되지 않을 때 자녀에게 부모의 이혼에 대해 말해주는 것이 바람직하다고 생각합니다. 갑자기 부모 중 한 사람이 집에 들어오지 않거나, 영문도 모른 채 아이가 전학이나 이사를 가야 하는 상황은 있어서는 안 되니까요.

이렇게 구체적으로 계획을 세우고 순서를 정한다고 해도 계획대로, 순서대로 되지 않을 가능성이 큽니다. 중간중간, 미처 예상하지 못한 일이 생길 때도 있고요. 그러니 스케줄에 얽매이기보다 미리 준비를 한다는 마음으로 가볍게 적어보는 게 좋겠습니다. 이렇게 자신만의 시간을 가지고 미래를 준비하다 보면, 예상치 못한 인생의 파도도 조금은 쉽게 넘어설 수 있을 것입니다.

어떤 상황에 있든, 누구에게든, 인생의 파도는 찾아옵니다. 나에게만 있는 특별한 일이 아닙니다. 힘내어 파도를 잘 넘어봅시다. 얼마 지나지 않아 언제 그랬냐는 듯, 곧 다시 다정하고 잔잔한 바다가 찾아올 테니까요.

• 이혼 결심 후에 해야 할 일을 쭉 적어봅니다. 순서에 구애받지 말고, 생각나는 대로 쭉 적어보세요.

(예시) 이 책을 읽으면서 생각거리 되도록 다 써보기

　　　　이혼 이후 살 거주지 알아보기

　　　　이혼 조건 정리하기

　　　　이혼에 대해 상대방에게 이야기하기

　　　　변호사 상담받기

　　　　일자리 알아보기

　　　　이혼 준비 비용 얼마를 언제까지 마련하기

· 앞서 적은 할 일들을 순서대로 나열해보고, 언제 진행할지 시간을 적어주세요. 나만의 일정표를 완성해봅니다.

날짜	할 일

이혼 방법

나에게 맞는 이혼 방법이
따로 있습니다

다툼이 없을 때는
협의이혼

그릇에 부딪치는 젓가락 소리만 들리는 저녁 식사 자리. 아내가 남편에게 조용히 서류 한 장을 건넵니다. "이혼 서류야. 도장 찍어줘." 드라마에서 흔히 볼 수 있는 장면입니다. 어떤 드라마에서는 아내는 억울한 표정으로 피고석에 앉아 있고 남편은 언짢은 표정으로 원고석을 지키고 있기도 합니다. 또 재판정이 아닌 방에서 판사가 나란히 붙어 앉은 부부에게 "4주 뒤에 뵙겠습니다"라고 말하기도 하고요.

드라마 속 이혼 장면들이 각기 다른 이유가 무엇일까요? 이혼하는 방법이 한 가지가 아니기 때문입니다. 이번 장에서는 이

이혼 방법

혼 방법을 소개하고, 그중 나에게 맞는 방법을 선택하려면 어떤 걸 고려해야 하는지 이야기해보려 합니다.

우리나라에서 혼인신고를 마친 부부가 이혼하는 방법은 크게 두 가지입니다. 첫 번째는 협의이혼입니다. 부부가 서로 헤어지기로 합의하고 관할 법원으로 찾아가 '이혼 의사 합치 여부'와 '자녀 양육에 관한 사항'을 법원으로부터 확인받은 후 관할 관청에 이혼 신고를 하는 방법입니다. 두 번째는 재판상 이혼입니다. 재산분할로 다투거나 서로 자녀 양육권만큼은 양보 못 하겠다고 하는 경우 등 부부 간 입장 차를 좁히지 못하는 쟁점이 있어 소송을 통해 이혼하는 방법입니다.

대부분 원만하고 신속하게 이혼할 수 있기를 희망하여 협의이혼을 먼저 고려하게 됩니다. 협의이혼에는 이혼 사유가 필요 없습니다. 금전, 건강, 애정 문제, 성격 차이 등등 어떤 사유로 이혼하느냐고 법원은 묻지 않습니다. 누가 잘못했는지도 중요하지 않습니다. 유책 배우자라 하더라도 상대방의 동의만 있다면 얼마든지 협의이혼이 가능합니다. 그저 쌍방 이혼 의사가 있는지를 확인하기에, 신청서의 이름도 협의이혼신청서가 아닌 협의이혼 '의사확인' 신청서이며, 법원 절차가 끝난 후 교부 받게 될 서류명도 협의이혼'의사확인서'입니다. 협의이혼에는 1~3개월의 숙려 기간이 있으나 길면 몇 년씩 걸리는 소송에 비하면 시간과 절차가 모두 간소합니다.

다만 이혼을 할지 말지, 둘 중 누가 더 잘못했는지, 재산은 어떻게 나눌지, 자녀는 누가 키울 것이고 양육비는 얼마로 정할지 등에 관하여 다툼이 없을 때에만 그렇습니다. 현실적으로는 대부분 한 가지 이상의 쟁점으로 다투는 경우가 많으므로, 모든 부부가 협의이혼을 선택할 수 있는 건 아닙니다.

만약 미성년 자녀가 있다면 자녀의 친권·양육권 및 양육비에 대한 합의가 있는지를 추가로 확인합니다. 그런데 여기서 유의해야 할 점은 법원이 양육비 액수의 적정성 및 타당성까지 충분히 구체적으로 판단해주는 것은 아니라는 점입니다. 부부가 합의한 내용이 자녀의 복리에 반하는 내용일 경우에 보정을 명할 뿐입니다. 이해를 돕기 위해 조금 과장된 예를 하나 들어볼게요. 부부가 협의이혼을 신청하면서 비양육자가 양육자에게 양육비로 매월 1만 원을 주기로 합의했다고 가정해봅시다. 자녀를 키우는 데 돈이 얼마나 많이 드는데, 1만 원이라니요. 이렇게 말도 안 되는 합의를 했으니 법원에서 "양육비 액수를 진지하게 다시 정해오지 않으면 이혼은 불가하다"고 돌려보낼까요? 아닙니다. 월 1만 원을 받기로 합의한 것으로 '양육비부담조서'에 기록됩니다. 이를 잘 모르시고 그저 빨리 이혼하고 싶단 욕심에 '누가 봐도 과소한 금액이니 법원에서 알아서 변경하겠지'란 안일한 생각으로 양육비 합의를 진행하시는 경우가 있는데요. 이런 경우 향후 양육비를 증액하기 위해 힘든 소송을 해야 할 수도 있습니다.

그렇다면 재산분할과 위자료는 어떨까요? 법원에서는 '협의이혼을 하는 부부가 재산은 어떻게 나누기로 했는지, 잘못한 사람이 위자료를 얼마나 주기로 했는지'에 대해서는 전혀 관여하지 않습니다. 때문에 아무런 준비 없이 협의이혼 했다가 재산분할 청구 소송으로 고생하신 분도 계시고, 이혼한 지 2년의 제척기간이 도과하여 재산분할을 받지 못하게 된 경우도 있습니다.

그러므로 가정 폭력에 시달리는 경우 등 이혼만이라도 신속하게 이루어져야 하는 특별한 사정이 있는 것이 아니라면, '골치 아픈 건 나중에 생각하고 일단 이혼부터 하자'는 생각으로 덥석 협의이혼 신고부터 하는 것은 위험합니다.

협의이혼

절차

협의이혼 방법은 법원에서 부부 모두에게 '이혼 의사가 있음'을 확인받은 후 관청에 이혼 신고를 하면 됩니다(민법 제836조). 이렇게 보니 마치 협의이혼은 법원에 신청서 한 번 내고 바로 이혼이 되는 것처럼 보이지요. 하지만 의외로 당사자가 밟아야 할 절차가 많아요. 이번에는 협의이혼 절차를 구체적으로 소개해드릴게요.

첫째, '협의이혼의사확인신청서'를 작성하여 부부가 함께 법원에 제출합니다.

이혼 방법

둘째, 가정법원의 이혼 안내를 받아야 합니다. 가끔 이 절차를 단순한 '안내'라고 생각하고 중요하게 생각하지 않는 경우가 있는데, 이것도 필수 절차입니다. 만약 신청서를 접수한 날부터 3개월이 경과하도록 이혼 안내를 받지 않을 경우 이혼 신청을 취하한 것으로 볼 수 있으니 꼭 법원이 제공하는 이혼에 관한 안내를 받으셔야 합니다.

셋째, 자녀 양육에 관한 안내를 받고 이수확인서를 제출합니다. 그리고 숙려 기간이 지나야 합니다. 이 기간 동안 법원에 마련된 후견 프로그램에 참여하고, 이혼에 관하여 숙고해보거나 이미 별거 중이라면 양육비를 받고 면접교섭을 해보는 등 이혼 이후의 삶을 미리 연습해보는 것도 좋아요.

※ 숙려 기간

- 미성년인 자녀(임신 중인 자를 포함)가 있는 경우 : 3개월
- 성년 도달 전 1개월 후 3개월 이내 사이의 미성년인 자녀가 있는 경우
  : 성년이 된 날
- 성년 도달 전 1개월 이내의 미성년인 자녀가 있는 경우 : 1개월
- 자녀가 없거나 성년인 자녀만 있는 경우 : 1개월

단 가정 폭력과 같이 급박한 사정이 있어 당사자에게 참을 수

없는 고통이 예상되는 경우에는 이를 소명하여 숙려 기간을 단축하거나 면제해달라는 신청을 할 수 있어요.

넷째, 숙려 기간이 지나면 의사 확인 기일에 부부 모두 출석해야 합니다. 법원이 부부 모두에게 이혼 의사가 있음을 확인하고 나면 '협의이혼의사확인서'를 받을 수 있습니다.

다섯째, 이제 신고를 하면 이혼이 되는 것입니다. 단 '협의이혼의사확인서'를 교부받는 단계까지 마쳤다고 안심하면 안 됩니다. 당사자가 이혼 신고까지 직접 하지 않으면 그간 힘들게 밟았던 이혼 절차는 모두 소용이 없어지거든요. 반드시 3개월 내 신고까지 완료해야 이혼이 되는 겁니다. 이혼 신고 시에는 '협의이혼의사확인서' 등본과 나의 '신분증'을 지참하여야 하고, 미성년인 자녀가 있는 경우에는 '자녀의 양육과 친권자결정에 관한 협의서'등본도 첨부하여 친권자 지정 신고를 합니다. (참고로 이혼 의사 확인을 받은 후라도 부부 모두 아직 이혼 신고를 하기 전이라면 이혼 의사를 철회하는 것도 가능합니다.)

이렇게 협의이혼이 성립하기까지 수개월 동안, 법원은 이혼에 관한 안내를 하고, 필요시 상담도 해주고, 의사 확인 기일을 두 번이나 잡아주고, 수개월을 숙려하게 하고, 이혼 의사를 취소하거나 철회를 할 수 있도록 길을 열어주고, 마지막으로 당사자가 신고를 하지 않으면 지금껏 밟은 절차의 효력을 상실하도록 하고 있습니다. 협의이혼이 너무 수월하게 성립되지 않도록 국가가 절차 전반에 걸쳐 들인 노력의 흔적이 보이는 것 같아요.

이 같은 여러 단계의 절차가 이혼을 하시려는 분들께는 너무 번거롭고 복잡한 과정일 수도 있습니다. 하지만 이혼은 나와 자녀의 행복을 위하여 끝까지 신중하게 진행할 일임에는 틀림없으므로 단계마다 생각할 시간을 충분히 가지셨으면 좋겠습니다.

양보할 수 없다면

소송이혼

 세상만사가 모두 그렇듯, 이혼 역시 송사를 벌이지 않고 조용하게 협의하는 것이 가장 좋은 방법입니다. 그런데 가끔 협의를 해볼 시도도 하지 않고 소송부터 진행하려는 경우가 있습니다. 가급적 협의이혼이 좋다고 조언을 드리면 "협의라니, 저 사람이랑 이 상황에 무슨 협상을 해요. 말이 통하는 사람이면 애초에 이혼하지도 않죠!"라며 거절하십니다. 물론 이혼 이야기가 오갈 정도로 혼인관계가 파탄에 이른 상황에서 협의를 한다는 것은 결코 쉽지 않은 일이죠. 그래서 협의이혼을 고려하는 건 시간 낭비라 보고 처음부터 이혼 소송을 해야 한다고 단정하는 일부 변호사들도 있습니다.

이혼 방법

그러나 수많은 상담을 해온 제 입장은 조금 다릅니다. 얼마나 크게 다투고 있느냐보다 어떤 걸로 다투고 있는지가 더 중요합니다. 대립하는 쟁점에 따라 협의이혼이 가능한 경우도 많습니다. 특히 표면적인 다툼과 각자 내심의 의사가 다른 경우, 이를 신속하게 알아채 협상 테이블에 올리면 의외로 수월하게 합의에 이르는 경우도 있습니다.

반면에 양육권 분쟁과 같이 의견 차를 좁히기 어려운 사항이라면 재판 과정을 거쳐 판결을 받아야 합니다. 부득이 "재판 외에 다른 방법이 없으니 이혼 소송으로 가닥을 잡자"고 말씀드리면 "제가 법정에 서게 될 줄은 꿈에도 몰랐어요"라며 부담스러워 하십니다. 누구든 이혼을 염두에 두고 결혼한 사람은 없을 테니 당연히 지금 닥친 상황이 당황스럽고 버거울 수밖에 없습니다. 그런데 협의도 아니고 법원에 나가 재판을 받아야 한다니 앞이 깜깜하실 겁니다. 그래도 재판이 두려워 '내가 다 포기하고 말지'라는 심정으로 이혼을 하면 후회하시게 될 가능성이 큽니다. 지금 좀 힘들고 어렵더라도 회피하시면 안 됩니다. 양육에 관한 사항은 구체적으로 정하고, 주고받을 것이 있다면 내 몫을 정확히 산정하여 잘 매듭을 지어야 하겠죠.

그럼 재판을 하려면 반드시 변호사를 선임해야 할까요? 아닙니다. 준비만 잘 되어 있다면 당사자가 '나홀로 소송'으로 진행할 수 있어요. 하지만 법리가 어렵거나 소송 전략상 대리인이 필요한 경우, 변호사 선임이 필요한 경우도 분명 있습니다. 다음 생각거리를 통해 내가 협의이혼을 할 수 있는 경우인지 아니면 재판상 이혼이 나은 경우인지 한번 체크해볼까요. 재판상 이혼 시 '나홀로 소송'으로 진행할지, 변호사를 선임할지 여부도 생각해 봅시다.

생각거리

✓ 체크리스트 | 아래 문항 중 해당 사항이 있는지 살펴보세요. 만약 내가 체크한 사항을 반드시 관철시키고 싶다면 부득이 소송을 생각하셔야 합니다.

- ☐ 나와 달리 상대방은 이혼을 원하지 않는다.
- ☐ 이혼에는 동의하나 서로 상대방이 유책 배우자라며 위자료를 내놓으라고 한다.
- ☐ 이혼할 거면 몸만 나가라고 하는데, 나는 그럴 수 없다.
- ☐ 나는 부부 재산 중 절반 이상이 내 몫이라고 생각하는데, 상대방이 반대한다.
- ☐ 상대방이 사업하다 진 빚은 나랑 상관없는데 상대방이 같이 갚아야 한다고 한다.
- ☐ 상대방이 바람피웠으니 내가 전 재산을 가져가야 한다.
- ☐ 서로 자녀를 키우겠다고 다툰다.
- ☐ 상대방은 애는 엄마가 키워야 한다지만, 나는 소득이 더 많은 상대방이 키워야 한다고 생각한다.
- ☐ 상대가 제안하는 양육비는 자녀 둘을 키우기에는 턱없이 적다.
- ☐ 내가 자녀를 키우기로 했으므로 현재 거주하는 집은 내가 가져가야 한다. 그런데 상대방은 집을 팔아서 나누자고 한다.
- ☐ 배우자의 부모님으로부터 위자료를 받고 싶은데, 상대방이 이를 인정하지 않는다.
- ☐ 상대방이 행방불명 상태다. 나는 새 출발을 위해 이혼을 원한다.

✓체크리스트 '나홀로 소송'이 가능한 이혼 소송이지만, 아래 예시의 경우 변호사 도움을 받는 것이 좋을 것 같아요. 아래 문항 중 해당 사항이 있는지 체크해보세요.

☐ 정신적으로 너무 힘들어서 1~2년의 소송 절차를 혼자 진행할 수 있을지 의문이다.

☐ 상대방의 이혼 청구를 기각해달라고 답변서를 작성했다. 소송 중 이혼 조건에 따라 마음이 바뀔 가능성이 있기 때문에 전략이 필요하다.

☐ 상대방 주장을 꼼꼼히 파악해서 일일이 반박하는 작업이 싫고 잘할 자신도 없다.

☐ 상대방 거짓말에 효과적으로 반박하는 서면을 작성하기 힘들다.

☐ 증거 수집이 까다로워 어떤 증거를 준비해야 할지, 언제 제출해야 하는지 모르겠다.

☐ 상대방을 만나기 두렵거나 싫다. (변호사를 선임하면 굳이 당사자가 재판에 직접 출석하지 않아도 된다.)

☐ 상대방이 변호사가 있으니 '무기 평등'을 위해 나도 변호사를 선임하겠다.

상대방이
소장을 보냈을 때

　　　　　　　　　　　　　　　무심코 받은 등기우편물
이 법원에서 보낸 이혼 소장인 걸 확인한 날, 깜짝 놀라 변호사
사무실을 찾아오는 분들이 많이 있습니다. 특히 아직 이혼을 원
치 않거나 미처 마음을 정하지 못하고 망설이는 상황이었다면
더욱 당황스러울 텐데요. 법원으로부터 갑자기 예상치 못한 소
장이 날아오면 어떻게 해야 할까요?

　　소장을 받고 변호사 사무실을 찾았다 하더라도 상담 후 그날
바로 변호사 선임 여부를 결정하지 않으셔도 됩니다. 물론 변호사
와 상담을 신속하게 받는 것은 중요합니다. 소장을 살펴보며 상

대방 주장을 검토하고, 거짓인 내용은 없는지, 얼토당토 않는 주장에는 어떻게 대응해야 하는지, 재산분할과 같은 법률적 쟁점은 어떻게 풀어나갈지 등에 대해 논의해야 하니까요. 그러나 그 자리에서 바로, 변호사를 선임할 필요는 없다는 뜻입니다.

상대방이 먼저 이혼 소송을 제기한 경우에도 원만한 합의가 최선임은 당연합니다. 그러니 본인 역시 이혼을 내심 바랐다면 협의를 우선 시도해보기를 권합니다. 만약 상대방이 이혼을 강하게 원하는 경우, 이혼에 합의해주는 대신 양육권이나 금전적인 면에서 더 유리한 조건을 내세우는 것도 방법입니다. 물론 법원에서 온 소장을 앞에 두고 침착하게 대응하기란 매우 어려운 일입니다. 그러나 이혼 이후의 삶, 좋은 조건의 이혼을 위해서는 시도해볼 만한 가치가 있다고 생각합니다.

"나도 이런 결혼 생활을 더 유지하는 건 힘들 것 같아. 하지만 가정을 지키고 싶은 마음도 있어. 아직 내 마음을 모르겠으니 생각할 시간을 주면 좋겠어. 이혼하더라도 협의이혼으로 진행하자. 소송으로 대응하고 싶지는 않아. 알아보니 소송은 시간도, 비용도 많이 든다고 하더라고. 변호사 비용까지 쓸 필요 없잖아."

"아이는 무조건 내가 키우는 것으로 했으면 좋겠어. 이건 무슨 일이 있어도 양보하지 못해."

"이건 분명히 하자. 나는 이혼을 원하지 않아. 다만 당신이 원한다고 하니, 나한테 보상을 해줬으면 좋겠어. 가정주부라도 요즘에는 재산분할 50%는 받는다고 하더라. 집안일도 내가 다 하고 재테크도 내가 했잖아. 위자료는 포기할 테니 재산분할은 절반 이상으로 생각해줘."

위와 같이 나의 이혼 의사에 대해서는 정확한 언급을 피하면서(결국 협의가 되지 않아 소송으로 이어갈 경우를 대비하여 이혼 의사 여부는 아직 명확히 표현하지 않는 것이 좋습니다), 상대방과 이혼의 조건들을 하나씩 세세하게 맞춰보세요. 나와 같은 상황일 때 재산분할과 위자료는 어느 정도 인정되는지, 양육권자 지정은 누가 될 확률이 높은지 등 법원 판례의 큰 틀 정도는 미리 알고 있는 것이 좋습니다. 내가 제시하는 기준이 나에게 유리한지, 불리한지, 터무니없는지 정도는 파악하고 있어야 하니까요. 이것이 변호사를 선임하지 않더라도 변호사 상담을 적극 권유하는 이유기도 합니다.

그러나 끝까지 가정을 지키고 싶거나 서로 요구하는 조건이 맞지 않는다면 소송에 적극 대응해야 합니다. 특히 내가 이혼을 원하지 않는 경우에는 내가 유책 배우자가 아니라는 전제하에 일관적인 주장을 해야 합니다.

소장이 갑자기 송달되었어도 답변서 제출 기한은 30일이나 됩니다. 우선 분노가 잦아들고 놀란 마음을 차분히 진정시키는 시간을 가져보세요. 그래야 지금 내 앞에 놓인 현재와 나에게 닥칠 미래를 판단할 수 있으니까요. 이제부터 할 일은 많습니다. 소장에 대한 검토는 물론이고, 이혼에 대한 나의 생각도 정리하고, 관련 법률 공부도 필요합니다.

가장 중요한 일은 나를 돌보는 것입니다. 잊지 마세요. 어떤 상황이 닥쳐와도 우리는 이겨낼 수 있는 힘이 있습니다. 그 힘을 찾아내봅시다!

• 상대방에게 이혼 소장을 받았다면 내가 해야 할 일을 체크해보고, 아래 빈 칸을 채워보세요.

첫째. 소장을 덮어둔 채 우선 놀란 마음을 진정시키기

둘째, 나는 이혼하고 싶은지, 가정을 반드시 지키고 싶은지 생각해보기

셋째, 변호사를 찾아가 상담하고, 상담 내용 적어보기

–

–

–

넷째, 상담 결과를 토대로 절대 양보하지 못할 사항과 협의 사항을 적어보기

–

–

–

다섯째, 재판이 아닌 협의를 먼저 해보자고 상대방에게 제안하기

(나의 이혼 의사 여부는 섣불리 드러내지 않도록 주의)

–

–

–

상대방이
이혼을 거부할 때

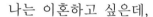

나는 이혼하고 싶은데, 상대방은 이혼 의사가 없다면 어떻게 해야 할까요? 부부 중 일방이 이혼에 반대하면 어쩔 수 없이 소송을 할 수밖에 없습니다. 물론 소를 제기한다고 무조건 이혼이 되는 것은 아닙니다. 상대방에게 귀책사유가 있다거나, 상대방도 내심으로는 이혼을 하고 싶으면서 '누구 좋으라고 이혼을 해줘?'와 같은 오기나 보복의 감정으로 버티고 있다는 사실을 입증해야 승소할 수 있습니다.

상대방에게 귀책사유가 있다면야 이혼하는 데 크게 문제가 없겠지만, 문제는 쌍방 귀책사유가 없는 경우입니다. 상대방에게 귀책사유가 딱히 없다면 이혼 청구는 기각될 확률이 높아요. 즉 이혼을 하고 싶어도 할 수 없단 뜻입니다. 따라서 상대방에게 귀책사유가 있음을 입증하기 위해 상처뿐인 긴 소송을 이어가야 할 수도 있습니다. 이 경우에도 마찬가지로 상대방을 설득하는 것이 먼저입니다.

"소송까지 가면 변호사 비용도 그렇고, 시간도 많이 든대. 서로 소송하면서 공격하고, 비난하고… 난 그렇게까지 하고 싶진 않아. 우리 서로 애정이 없는 건 사실이잖아. 당신도 이렇게는 살고 싶지 않을 거고. 잘 생각해보면 좋겠어."

이렇게 갑작스러운 이혼 이야기로 당황스러울 수 있는 상대방의 마음을 생각해서 재촉하지 말고 시간을 주어도 좋습니다.

그리고 이혼 조건도 말해봅니다. 이혼 조정을 진행하다 보면 이혼을 원하는 쪽에서 조건을 많이 양보하는 상황을 흔히 볼 수 있습니다. 안 그래도 이혼을 원치 않는데 이혼 조건까지 양보하기는 영 내키지 않는 일이니까요. 이 점을 헤아려 이혼을 원하는 쪽에서는 재산분할 등에서 금전적으로 조금 손해가 있더라도 한 발 양보한다면 상대방을 설득하는 데 도움이 될 것입니다. 먼저 양보하며 합의를 이끌어내는 것이 유일한 지름길입니다. 아래

예시처럼 말이죠.

"원한다면 양육권은 당신에게 줄게. 나도 아이는 엄마가 키우는 것이 낫다고 생각해. 양육비도 최대한 신경 쓸 거고. 주말에 만나면서 우리 아이가 상처받지 않게 노력할게."

"이 집은 당신이 가져가요. 아이랑 살 데가 없으면 안 되니까. 대출도 있지만, 그건 차곡차곡 갚도록 하고. 앞으로도 집값은 오를 것 같고요. 대출 감안해도 재산분할이 60%가 넘는 셈인데 변호사와 상담해보니 판례보다 많이 주는 편이라고 하네요. 소송으로 가지 않았으면 해서 내가 많이 양보하는 거니 빨리 정리하는 것으로 합시다."

· 나는 언제, 어떻게, 어떤 말로 상대방을 설득할지 생각하고 적어봅시다.

유명인이
조정이혼을 택한 이유

"협의이혼도 (미성년 자녀가 있을 시) 3개월 이상이고 재판은 수년이 걸린다는데, 단 하루라도 빨리 벗어나고 싶어요. 저희 부부는 다투고 있는 쟁점도 거의 없는데 더 빠른 방법은 없나요?"라고 질문하신다면, 방법이 없는 것은 아닙니다. 바로 법원의 조정이혼 절차를 이용하는 것입니다.

조정이혼 절차를 간략히 설명드리자면, 당사자가 법원에 조정신청서를 제출하면 법원에서 출석할 날짜를 잡아줍니다. 법원이 통지한 조정 기일에 출석한 당사자는, 서로 협의하기 위해 마련된 작은 방 안에서 조정위원들과 책상 앞에 둘러앉아 이야기합니다. 그날 협의가 다 안 되면 기일을 더 잡아달라고 할 수도 있고요. 논의 끝에 합의가 이뤄지면 그 내용을 조정조서에 기재합니다. 그리고 여기에 양측이 모두 서명하면 절차가 마무리됩니다. 며칠 뒤 송달받은 조정조서는 확정판결과 같은 효력이 있어서 번복과 불복, 모두 불가합니다.

즉 상황에 맞추어 적절하게 조정이혼 절차를 이용한다면 협의이혼보다 빠르고, 확정된 판결문과 동일한 효력의 조정조서를 받을 수 있어 양 당사자 간의 합의서보다 확실한 방법입니다. 조정이혼 시에도 반드시 변호사와 함께 참석해야 하는 건 아닙니다. 하지만 변호사를 대리인으로 선임하면 더 편리하게 절차를 진행할 수 있습니다. 혹시 연예인 부부가 직접 법원에 나오지도 않고 조정 기일에 단 몇 분 만에 조정을 마쳤다는 기사를 보신 적 있나요? 그게 바로 조정이혼 절차를 이용한 사례예요. 가정법원 출입 시 세간의 눈을 피하기 위해 변호사를 대리로 출석하게 한 것이죠. 덕분에 당사자들은 서로 얼굴을 보지 않고도 이혼을 할 수 있었습니다.

유명인만 조정 절차를 이용할 수 있는 것이 아닙니다. 이혼 의사, 위자료, 재산분할, 자녀 양육권과 양육비 등 모든 쟁점에서 거의 쌍방 의사 합치가 이루어진 상황이라면 조정이혼을 택하시는 것이 좋습니다. 상대방이 서명·날인한 합의서를 조정이혼 신청 시 함께 첨부하고 기일이 빠르게 잡힌다면 협의이혼보다도 더 신속하게 이혼이 성립될 수 있으니까요.

협의이혼은 미성년 자녀가 있을 시 3개월의 숙려 기간도 있고, 이혼 의사 확인 기일에 상대방이 2회에 걸쳐 출석하지 않거나 이혼의사확인서를 받고도 철회를 하는 경우, 그리고 쌍방 모두 신고하지 않고 3개월이 도과되는 경우 이혼이 불성립합니다. 즉 협의이혼 신고까지 되지 않으면 이혼 된 것이 아니에요. 결국 다시 처음부터 절차를 밟아야 합니다. 누가 굳이 각종 서류들을 힘들게 준비하여 법원까지 가서 함께 신청서를 접수해놓고 말을 뒤집나 싶겠지만, 의외로 이러한 경우가 종종 있습니다. 일방이 멋대로 마음을 바꿔버리면, 수개월간 자녀 양육에 관한 안내와 상담을 꼬박꼬박 받고 기일 출석도 충실히 이행했던 사람은 무척 화가 나겠지요.

그러나 조정이혼의 경우에는 당사자에게 조정조서가 송달되면, 신고를 했든 안 했든 이혼의 효력에는 영향을 미치지 않아요. 1개월 내 미신고 시 과태료는 부과될 수 있겠지만 협의이혼처럼 신고를 누락했다고 무효가 되는 것은 아니라는 뜻입니다.

이혼 방법

또한 협의이혼 시에는 재산분할이나 위자료 등에 대해서 법원이 관여하지 않으므로, 협의서를 작성하여 공증증서로 남기는 등의 추가 절차를 당사자가 따로 챙겨야 합니다. 그런데 조정이혼 시에는 재산분할이나 위자료도 함께 합의하여 조정조서에 포함시킬 수 있습니다. 게다가 상대방이 조정조서대로 금전을 지급하지 않을 경우, 재산분할 청구 소송 등을 별도로 제기할 필요 없이 바로 강제집행을 할 수 있습니다.

조정이혼 절차를 잘 이용하면 이처럼 어렵고 괴로운 과정을 빠르게 끝낼 수 있습니다. 더 신속하고 더 정확하게! 소송이혼과 협의이혼의 장점을 함께 누릴 수 있는 것이지요. 당사자들 역시 재판보다 조정을 훨씬 편안하게 느끼는 듯합니다.

그렇다면 상대방과 첨예하게 다투고 있는 쟁점이 일부라도 있는 경우는 어떨까요? 조정 과정에서 서로 입장 차를 좁히지 못하고 대립하다 조정에 실패한다면 결국 이혼 소송으로 넘어가야 해서 오히려 시간이 더 걸릴 수 있습니다. 따라서 신속한 이혼을 위해 조정 절차를 이용하고 싶다면 내가 먼저 양보하여 상대방과의 입장 차를 좁히겠다는 적극적인 의지가 필수입니다. 미리 어디까지 양보할 수 있는지 마음속으로 한번 정해볼까요.

생각거리

· 조정 성립을 위해 내가 어디까지 양보할 수 있을지 생각해봅시다.

☐ 귀책 사유가 나한테 있으니, 상대방에게 위자료로   만 원까지 줄

수 있다.

☐ 신속한 종결을 위해 재산은   %까지 분할해줄 수 있다.

☐ 재산분할로 부부 전 재산의   % 정도 받으면 더 이상 위자료는 주장

하지 않겠다.

☐ 자녀 양육권은 양보하지 못하는 대신 양육비를 조정하겠다.

☐ 집에 계속 거주할 수 있게 해주는 대신, 양육비를 면제받겠다.

외 도 · 폭 력

때로는 삶의 우선순위에 따라
이혼을 결정해도 괜찮습니다

외도한 배우자와
같이 살 수 있을까

　　　　　　　　　　　　　"신뢰를 저버린 사람과 같이 살 수 있을까요?" 상담 중에 여러 번 듣는 씁쓸한 질문입니다. 법률적으로 배우자의 외도를 '부정행위'라고 말합니다. 이때 부정행위가 반드시 성관계일 필요는 없습니다. 이보다 넓은 의미로서 배우자가 아닌 이와 부적절한 애정 관계를 형성하는 등 정조의무를 위반한 경우를 모두 포함합니다.

　　많은 분들이 공통적으로 하시는 질문이 있습니다. "다른 사람들은 이런 경우에도 그냥 사나요?", "한두 번은 참는 건가요?"라는 질문들이죠. 글쎄요, 한두 번이면 다행이라 해야 할까요?

한두 번 용서해줬는데 다시 반복하는 경우라면 어떨까요? 내 배우자의 외도나 바람기를 어느 선까지 용인해줘야 하는지 답을 찾기 위해 다른 사람은 이런 경우 칼같이 이혼하는지, 배우자의 부정행위가 흔한 일인지, 다들 이러고 사는지 궁금하신 거겠지요. 그래서 변호사에게 그와 같은 질문들을 하시나봅니다.

정답은 없습니다. 개인의 가치관이나 성격, 정조 개념에 따라 각자 다를 수밖에 없겠지요. 부정행위로 보기 애매한 문자 한두 통으로도 가정이 깨지는 경우가 있는가 하면, 동시에 만나는 상간자가 일곱 명이나 된다는 사실을 알고도, 배우자가 이혼을 원치 않는 경우도 보았습니다. 사례자가 하신 말씀이 아직 생생하게 기억나네요. "소름 끼치게 싫죠. 그래도 애들 대학 갈 때까지는 돈 벌어오는 기계로 생각할래요." 그분은 이혼을 하지 않으시고 상간자들에게 손해배상 청구만 진행하고 싶다 하셨습니다.

다른 사람이 어떠한지는 전혀 중요하지 않습니다. 배우자의 외도를 참아가면서까지 결혼 생활을 유지한다면, 당사자에게는 결혼 생활에서 얻을 수 있는 다른 부분이 있을 것입니다. 현재의 결혼 생활을 유지하는 데서 오는 경제적 안정감, 자녀에게 좋은 교육 환경 등이 그 고통을 상쇄할 수도 있고요.

물론 나의 고통이 너무나 심하고, 결혼 생활의 다른 면으로도 그 고통이 상쇄되지 않는다면, 이혼을 결심하시는 것이 나을 수도 있습니다. 결심하셨다면, 상대방의 부정행위에 대하여 조용히 증거를 수집하는 것부터 시작하셔야겠죠. 다만, 감정적 대응을 자제하고 내가 진정으로 무엇을 원하는지 아는 것이 중요합니다.

✔체크리스트 아래 말들 중 어떤 것이 가장 와닿으시나요?

☐ "참고 살다간 병날 것 같아요. 매일 그 남자랑 그랬던 것이 상상되어서 하루하루가 지옥입니다."

☐ "결혼 생활이 꼭 사랑으로만 유지되는 것은 아니니까요. 신뢰나 사랑보다 더 중요한 것들이 있어요."

☐ "아이들한테는 잘합니다. 저에겐 애들이 더 중요해요. 애들 대학 갈 때까지 돈 벌어오는 기계로 생각하고 살 겁니다. 이혼은 그때 할 거예요."

☐ "밖에 나가면 제 남편 아니라고 생각해요."

배우자의 외도를
용서하고 싶을 때

애들을 생각해서, 막상 이혼하려니 막막해서, 그래도 아직은 애정이 남아서 등등의 이유로 배우자의 외도를 용서하고 싶은데, 쉽지 않은 경우 많죠? 시간이 지나 상처가 아물어 딱지가 생겼다고 하더라도 그 흔적은 남기 마련이에요. 할머니가 되어서도 지난 일의 상처를 말씀하시며 이제라도 이혼하고 싶다고 하시는 분들이 계시는 것을 보면, 용서란 시간이 지나도 참 쉽지 않은 일임이 분명합니다.

그럼에도 지나간 아픈 일에만 매몰되어 있을 수는 없습니다. 그럴수록 나만 손해인걸요. 스스로 회복할 시간을 주면서 다시 행복을 다짐해봅시다. 다만 배우자의 부정행위를 용서하고자 할 때, 꼭 기억해야 할 것이 있습니다.

민법 제841조 (부정으로 인한 이혼 청구권의 소멸)
다른 일방이 사전 동의나 사후 용서를 한 때 또는 이를 안 날로부터 6월, 그 사유가 있은 날로부터 2년을 경과한 때에는 이혼을 청구하지 못한다.

즉 아래 경우에는 이혼 청구권이 소멸되어 부정으로 인한 이혼을 할 수 없습니다.

1. 부정행위에 대한 사전 동의가 있을 때
2. 부정행위를 사후 용서를 한 때
3. 부정행위를 안 날로부터 6개월이 경과한 때
4. 부정행위가 있은 날로부터 2년을 경과한 때

여기서 사후 용서란 '배우자의 일방이 상대방의 부정행위 사실을 알면서도 혼인 관계를 지속시킬 의사로 악감정을 포기하고, 상대방에게 그 행위에 대한 책임을 묻지 않겠다는 뜻을 표시하는 일방행위'라고 판례(대법원 1991.11.26. 선고 91도2049 판결)에서 말하고 있습니다. 즉, 용서할 테니(없던 일로 할 테니) 다시 잘 살아보자 등의 의사표시를 하는 것, 혹은 오랜 시간 동안 아무일 없었단 듯이 책임을 묻지 않고 살아가는 것도 경우에 따라서는 용서했다는 표현으로 보고 있습니다.

따라서 "용서하겠다"는 말은 함부로 해서는 안 됩니다. 용서한다는 말은 법적인 효력이 있기 때문입니다. 용서한다고 하였다가 마음이 바뀌어 이혼을 청구하는 경우에는 해당 사유로는 이혼이 어려워집니다. (물론 다른 부정행위를 저질렀거나 용서한 후에도 부정행위를 지속했다면 가능합니다.) 또한 부정행위로 인한 이혼 청구권은 안 날로부터 6월, 있는 날로부터 2년이 경과되면 소멸하니 참고하시기 바랍니다.

생 각 거 리

• 배우자의 불륜 사실을 비롯하여 생각나는 원망을 모두 적어봅니다. 구체적으로 육하원칙에 따라 쓰지 않아도 됩니다. 욕을 써도 됩니다. 혹시 배우자를 용서하기로 마음먹으셨다면, 다 채운 이 페이지를 뜯어서 버리도록 합니다.

외도 증거
수집하기

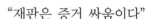

"재판은 증거 싸움이다"
라는 말을 들어보셨지요? 부정행위를 아무리 주장한다고 해도
그를 입증할 자료나 증거가 없다면 재판에서 이기기 어렵습니
다. 법적인 해결을 원한다면 시간을 가지고 나에게 유리한 증거
를 수집하고, 이를 기록하는 것은 필수입니다.

먼저 외도하는 사람의 가장 큰 특징 중 하나는 휴대폰을 대하
는 태도가 달라진다는 것입니다. 예전과 다르게 수시로 휴대폰
을 확인하고, 화장실을 갈 때에도 휴대폰을 들고 간다거나, 전화
를 다른 곳에 가서 받는 일이 잦다면 의심해볼 만합니다.

상대방의 외도 사실을 입증하고자 할 때 이메일, 카톡, 문자 등을 저장하거나 사진 찍어두는 것은 기본입니다. 상대방과 나눈 카카오톡 내용은 수시로 저장해두고요. 통화 시 자동 녹음되도록 설정하거나, 통화 녹음 기능이 없는 아이폰의 경우에는 자동 녹음 어플을 깔아둡니다. 스프링 노트가 아닌 뜯기 어려운 노트에 그날의 일들을 차곡차곡 적어둡니다. (스프링 노트는 손쉽게 뜯을 수가 있으므로 시간의 흐름 등을 입증하기 어려울 수 있습니다.)

카카오톡PC에서 로그아웃하지 않았다가 외도 사실을 들키는 경우가 가장 흔합니다. 이 경우, 반드시 내용을 캡처 및 저장해놓으세요. 최근에는 블랙박스, 내비게이션 내역으로 외도 사실을 들키는 경우도 많습니다. 이런 경우에는 우연히 알게 되었다고 해도 반드시 화면 캡처 등을 통하여 증거를 남겨두도록 합니다.

혹은 당사자가 자신의 잘못을 시인하거나 고백하는 내용을 녹음하는 것도 도움이 됩니다. 여기서 주의점! 내가 없는 자리의 대화를 녹음하는 것은 불법(도청)이지만, 내가 있는 자리에서 나와 상대방의 대화를 녹음하는 것은 현행법상 불법이 아닙니다. 상대방의 동의 역시 필요하지 않습니다. (다만 대화자 간의 녹음은 불법이 아니라도 이를 제3자에게 제공하는 것은 법적으로 문제가 될 수 있으므로 수사기관이나 법원에 제출하는 경우를 제외하곤 유출되지 않도록 유의하셔야 합니다.) 비록 온종일 녹음기를 틀어놓는 건 어렵겠지만 대비는 반드시 필요합니다.

종종 성병에 전염되어 배우자의 외도를 알게 되는 일도 있는데요. 이런 경우 진단서 등을 증거로 첨부할 수 있습니다. 놀랍게도 아래처럼 상간자로부터 직접 연락이 오는 경우도 많습니다. 정말 어처구니없고 매우 당황스럽겠지만, 침착하게 통화 내용이나 문자, DM 등을 반드시 저장해두도록 합니다.

> "○○○ 씨를 사랑하고 있는데, 이혼해주세요."
> "○○○ 씨가 저를 사랑하는 것을 알고 계신가요?"

변호사로서 불법적 증거 수집까지 종용하기는 어렵습니다. 불법으로 증거를 수집하는 경우, 증거능력을 인정받지 못할 뿐 아니라 오히려 고소를 당하는 경우도 있기 때문입니다. 불법적 증거 수집까지는 어렵다 하더라도, 자신에게 유리한 증거를 수집하는 것은 반드시 필요하니 꼭 기억해주세요.

· 배우자의 외도 증거를 확인하셨다면, 빠짐없이 기록해둡니다.

(예시) 카카오톡

문자

지나치게 잦은 전화 내역

블랙박스

내비게이션

카드 내역서

각서는 과연
효력 있을까

배우자의 외도 사실을 알았을 때, 이대로 넘어가자니 너무 억울하고 이혼을 하자니 사정이 여의치 않을 때 각서를 받아놓는 경우가 종종 있습니다. 주로 '다시는 부정행위를 하지 않을 것이며 이를 어길 시 재산을 포기하겠다'는 내용을 골자로 작성하지요. 바로 아래처럼요.

나는 5년 동안 일주일에 한 번씩 ○○동에 있는 오피스텔에서 ○○○와 만나 성관계를 가졌습니다. 이 사실을 인정하며, 부인 ○○○이 원하는 모든 것을 수용하며, 특히 부동산 재산권에 대해 포기하겠습니다. 추후 부인 ○○○이 원하는 것이 있다면 모든 것을 이행하겠습니다.

나는 직장 동료인 ○○○과 약 6개월간 부정행위를 저질렀습니다. 이에 배우자에게 진심으로 사죄와 용서를 구하며, 다시는 ○○○과 사적인 연락 및 만남을 갖지 않을 것을 다짐합니다. 회식에도 ○○○이 나온다면 참석하지 않겠습니다. 만일 이를 어길 시에는 재산의 90%를 포기하고 이혼하겠습니다.

과연 효력이 있을까요? 우선 위 각서들은 부정행위가 있었다는 사실을 입증할 수 있는 정황증거로는 쓰입니다. 유책 배우자가 스스로 부정행위를 인정했으니까요. 하지만 많은 분들이 재산을 포기한다고 각서까지 썼으니 이를 굳게 믿고 있다가 이혼 소송에서 유책 배우자도 재산분할을 받아가는 걸 보고 억울해하십니다.

이런 일이 생기는 이유는 혼인 기간 중 작성된 재산분할 포기 각서의 효력 때문입니다. 재산분할청구권은 이혼이 성립했을 때에 비로소 발생하는 권리이므로, 아직 발생하지도 않은 권리를 포기할 수는 없다는 것이 판례의 입장입니다. 판례를 한번 볼까요?

민법 제839조의2에 규정된 재산분할제도는 혼인 중 부부 쌍방의 협력으로 이룩한 실질적인 공동재산을 청산·분배하는 것을 주된 목적으로 하는 것이고, 이혼으로 인한 재산분할청구권은 이혼이 성립한 때에 그 법적 효과로서 비로소 발생하는 것일 뿐만 아니라 협의 또는 심판에 의해 구체적 내용이 형성되기까지는 범위 및 내용이 불명확·불확정하기 때문에 이혼 전에는 구체적으로 권리가 발생했다고 할 수도 없다.

"아직 이혼하지 않은 당사자가 장차 협의상 이혼할 것을 합의하는 과정에서 이를 전제로 재산분할청구권을 포기하는 서면을 작성한 경우, 부부가 협의한 결과 일방이 재산분할청구권을 포기하기에 이르렀다는 등의 사정이 없는 한 성질상 허용되지 않는 '재산분할청구권의 사전포기'에 불과할 뿐이므로 쉽사리 '재산분할에 관한 협의'로서의 '포기약정'이라고 봐서는 안 된다" (대법원 2016.1.23.자 2015스451 결정)

그렇다면 각서 작성 당시 이혼할 생각도 없었고 재산분할에 대한 충분한 논의를 통해 작성한 것이 아니라 단순히 외도에 대한 대가를 치루겠다는 각오로 쓴 각서는 아무런 소용이 없을까요? 저는 그래도 각서를 받아놓으시라고 권합니다. 각서에는 재산을 포기하겠다는 내용뿐 아니라 포기하는 이유도 기재되는 것이 일반적입니다. 이는 상대방이 스스로 인정한 부정행위의 증거이고, 이혼 소송을 하더라도 양 당사자 사이에 위와 같은 내용의 협의를 한 사실 자체는 재산분할 시 유리하게 작용할 수 있기 때문입니다. 작성 날짜와 각 당사자의 서명날인을 잊지 마시고 되도록 상대방에게 자필로 작성하도록 하면 더 좋습니다.

부정행위로 인정된

사례

그렇다면 어떤 경우에 부정행위가 인정될까요? 법원의 정의와 판단 기준을 이야기해보겠습니다.

민법 제840조 제1호 소정의 배우자의 부정한 행위라 함은 간통을 포함하여 보다 넓은 개념으로서, 간통에까지는 이르지 아니하나 부부의 정조의무에 충실하지 않는 일체의 부정한 행위가 이에 포함되고, (대법원 1988.5.24. 선고 88므7 판결 등) 부정한 행위인지 여부는 각 구체적 사안에 따라 그 정도와 상황을 참작하여 평가하여야 한다. (대법원 1992.11.10. 선고 92므68 판결 등)

꼭 성행위가 포함되지 않아도 부정행위가 인정될 수 있다는 것은 앞에서 말씀드렸습니다. 즉 부부의 정조의무에 충실하지 않은 일체의 부정행위, 애정 표현만으로도 부정행위는 인정됩니다. 그럼에도 위 판례의 '구체적인 사안에 따라서 평가해야 한다'는 말이 참 모호하게 느껴지는데요. 아례 사례를 한번 보겠습니다.

※ 부정행위가 인정된 사례

(1) 애정 표현이 담긴 편지를 보낸 경우

(예) "누군가를 가슴 속에 품고 기다리며 살아가는 것도 나쁘진 않네요. 전 모든 것을 감수하며, 언제까지나 ○○씨만을 기다립니다. 늘 연모합니다."

(2) 성적인 대화를 나누거나 애정표현이 담긴 카톡을 주고받은 경우

A : 그날 좋았어?

B : 응. 이런 감정 잊고 살았어. 와이프 친정 가. 낼 와. 이보다 큰 행복이 없을 듯.

A : 나 또 당했어.(남편과 관계를 했다는 이야기)

B : 밤일 이야기면 하지마ㅠㅠ 그래서 간만에 좋았어?

A : 당신이랑 더 좋았어. 됐음?ㅋㅋ

B : 정말이지?^^

A : 그때 그 느낌 못 잊어

B : 나도 무지 황홀, 당신 넘 섹쉬 요염하고 매력 넘쳐 흥분돼 쪼옥 당신 가슴.

A : 사랑해. 당장 갖고 싶어.

A : 서방님, 요즘 많이 덥지? 힘내~ 파이팅! 당신 항상 건강 챙겨야 하는 거 알지? 아프지 말고 건강하게 알콩달콩하고 싶다.

B : 나는 울 OO이가 제일 예뻐.

(3) 자신의 은밀한 신체 부위 등을 사진으로 찍어 보내는 경우

(4) 부정행위에 대하여 배우자가 스스로 고백하는 경우

(5) 함께 단둘이 여행을 다녀온 것이 입증되는 경우

※ 부정행위가 인정되지 않았던 사례

(1) 서로 배우자가 있는 A와 B가 일정 기간 동안 하루에도 수십 번씩 연락을 주고받았을 뿐만 아니라, 새벽에 A가 B의 집에서 나오는 것이 목격되었으나 부정행위는 인정되지 않았습니다. 연락하면서 서로 존댓말을 사용하고 업무 내용, 일상적인 대화를 주고받았을 뿐, 서로 상대방에 대한 애정을 표현한 바 없는 사실이 확인되었고, 업무를 위

해 밤늦게까지 함께 일했을 뿐, 애정 관계나 이성 교제가 아니었다는 주장이 받아들여졌기 때문으로 보입니다.

(2) A가 동호회에서 B를 만나 함께 여행을 가고, B의 집에도 놀러가는 등 서로 교류한 사실이 있었으나, 여행에는 동호회 사람들이 동행하였고, 집에도 다른 친구들과 함께였던 점, 성관계는 물론이고 이성 간의 교제에서 있을 만한 신체 접촉이 있었다고 볼 증거가 없는 점 등이 인정되어 부정행위는 인정되지 않았습니다.

(3) 여행지의 클럽에서 다른 남성과 시비가 붙은 여성을 구해주고, 여성은 감사의 표시로 식사를 대접하고, 몇 번의 연락을 주고받으며 교류하였으나, 이성으로 교제한 사실이 확인되지 않아 부정행위로 인정되지 않았습니다.

(4) 배우자가 강간을 당한 경우(부정한 행위가 있었다고 하더라도, 내심의 자유로운 의사에 의한 경우가 아닐 때)

위의 사례를 살펴보면, 부정행위를 입증하는 데 증거가 매우 중요하다는 것을 알 수 있습니다. 카카오톡, 문자, DM 등을 통한 연락, 메시지 등 증거가 있는지 다시 한번 확인해봅시다.

위자료 얼마나
받을 수 있을까

구체적인 사실관계는 생략하고 대략의 사례를 알아보겠습니다.

- 성관계 없이(또는 성관계가 입증되지 않고) 연락을 주고받고 데이트 한 것만 인정된 경우 : 800만 원
- 함께 해외여행을 하고, 동거를 하는 등 연인 관계로 지낸 경우 : 3천만 원
- 다른 이성과의 관계가 인정된 경우 : 1천만 원
- 자신의 외도로 인하여 성병을 감염시킨 것을 인정한 사례 : 1천만 원
- 자녀에게 자신이 연인이 생겨 이혼하게 되었다고 인정한 사례 : 3천만 원

외도·폭력

어떠세요? 법원에서 인정된 위자료의 액수가 합리적이라 생각하시나요?

부정행위 관련 위자료는 보통 1천5백만 원에서 3천만 원 수준입니다. 개인적인 생각으로 부권 침해에 대한 위자료가 지나치게 적고, 몇 십 년 동안 크게 변동이 없어 불합리하다고 생각합니다. 더구나 간통죄가 폐지된 후에도 손해배상 액수는 거의 비슷하니 부권 침해를 당한 사람 입장에서는 그저 억울할 따름이지요. "내가 아는 누구는 위자료로 몇 억을 받았다더라"와 같은 이야기는 와전된 소문일 가능성이 큽니다. 아마도 재산분할을 그만큼 받았다는 뜻이겠지요. 이처럼 위자료 액수가 적다 보니 소송 실무에서도 재산분할에 더욱 집중하는 경우가 많습니다.

아무리 생각해도 대부분의 위자료 액수는 배우자의 불륜으로 인한 상처를 보상받기에는 턱없이 부족한 금액입니다. 그래서인지 위자료 소송은 돈 문제보다는 다른 이유로 진행하시는 분들을 많이 보았습니다. 어떤 분은 내가 아닌 상대방의 잘못으로 이혼한다는 것을 인정받고, 판결문으로 남기고 싶어서 소송을 진행한다고 하더군요. 적은 액수지만 승소 판결이 조금이나마 위안이 되었으면 좋겠다고 생각합니다.

그런데 이러한 위자료를 청구할 수 있는 기간이 정해져 있다는 사실, 알고 계시나요? 유책 배우자 또는 제3자를 상대로 부정행위로 인한 위자료를 청구할 수 있는 기간은 유책 행위를 알게 된 날로부터 3년, 유책 행위가 있었던 날로부터 10년입니다. 이 기간이 지나면 소멸시효로 인하여 위자료를 청구할 수 없으니 이 점도 반드시 기억하셔야 합니다.

참고로 위자료 청구 소송을 진행한다면, 변호사를 선임하여 진행하는 것을 추천합니다. 법정에서 다시 상간자를 마주하고, 배우자와 상간자의 부정행위를 일일이 열거하며 서면을 작성하는 일은 심적으로 매우 고통스러운 일이기 때문입니다. 상대방이 한 푼이라도 위자료를 덜 지급하기 위해 얼토당토 않은 주장을 하거나, 오죽하면 바람을 피웠겠냐고 적반하장으로 구는 모습을 지켜보는 것은 결코 쉬운 일이 아닙니다. 따라서 변호사를 선임하여 소송을 진행하는 것을 추천합니다.

위자료합의서
작성하기

위자료의 지급 방식과 액수도 서로 합의하여 정할 수 있습니다. 상간자에게는 주로 소송을 통해 위자료를 청구하지만, 배우자와는 합의서를 작성하는 경우도 있습니다. 위자료 지급 역시 소송이 아닌 합의로 정한다면, 서로 간의 시간과 비용을 절약할 수 있겠죠. 소송은 생각보다 시간이 오래 걸리고, 그 시간 동안 감정적으로 매우 힘듭니다. 변호사 선임비 등도 무시 못 할 금액이고요. 특히 부정행위의 명확한 증거가 있어서 굳이 법정에서 부정행위 인정 여부를 가릴 필요가 없다면 더욱 그렇습니다.

합의 내용은 자유롭게 정할 수 있습니다. 위자료 부분을 따로 협의하지 않고, 재산분할과 함께 얼마를 지급한다는 식으로 합의하기도 합니다.

위자료를 합의할 때 가장 신경 써야 할 부분은 당연히 그 액수입니다. 일전에 일부 사례를 소개하면서 대충의 액수를 알려드린 바 있는데요. 꼭 그 기준에 맞춰야 한다는 이야기는 아닙니다만, 합의가 되지 않아 결국 소송을 한다면, 그 정도의 액수가 될 테니 미리 참고 바랍니다.

'위자료 얼마를 언제까지 준다'는 부분이 합의되었다면 이제 어떻게 해야 할까요? 추후에 한쪽의 사정이 바뀔 수도 있고 이유 없이 약속을 지키지 않을 수도 있습니다. 이를 방지하기 위하여 합의된 내용을 서면으로 작성 후 공증 등을 받아놓으면 좋은데요. 이를 '위자료합의서'라고 합니다.

앞으로 위자료 외에도 양육권, 양육비, 재산분할 등과 관련하여 합의서 쓰는 법을 알려드릴 텐데요. 꼭 참고하시고, 필요한 분께 도움 되었으면 좋겠습니다.

• 위자료합의서 형식을 살펴봅니다. 필요하신 분을 위하여 위자료합의서 문구를 샘플로 소개합니다. 각 사정에 따라 조건과 문구는 얼마든지 변경할 수 있습니다. 샘플을 참고해 금액, 성명, 날짜 를 채워 나의 합의서를 적어봅니다.

<위자료합의서>

1. □□□과 △△△은 이혼하며, 다음의 위자료 지급에 합의한다.
2. □□□은 △△△에게 (부정행위로 인한) 위자료로 ○○○○. ○○. ○○. 까지 금 3,000만 원을 지급하고, 만약 위 기일에 지급하지 않을 시에는 연 12%의 이자를 가산하여 지급한다.
3. □□□과 △△△은 위자료 합의서 2부에 각 서명날인 후, 각 1부씩 소지한다.

상간자에게
위자료 청구 소송하기

　　　　　　　　　　　　위자료 지급에 대하여 합
의되지 않는다면 소송을 진행해야겠죠. 말씀드린 바와 같이, 배
우자와는 이혼하며 위자료를 합의하는 경우가 종종 있으나, 상
간자에게는 손해배상 청구 소송을 하시는 경우가 대부분입니다.
위자료 청구 소송은 배우자에게도, 상간자에게도 진행하실 수
있습니다.

　이혼이 흔해진 요즘에는 이혼 후 새로운 사람을 만날 때를 대
비하여 상간자에 대한 위자료 소송을 하는 경우도 있습니다. 내
잘못이 아닌 상대방의 외도로 이혼했다는 증거를 남기기 위함이

지요. 어떤 이유로든 좋습니다만, 몇 가지 유의점이 있습니다.

상간자 위자료는 특별한 경우를 제외하고, 일반적으로 1천 5백만 원에서 3천만 원 선인데요. 이는 부진정 연대 채무로서, 상대방 배우자가 전부 지급할 수도, 상간자가 전부 지급할 수도, 혹은 배우자와 상간자가 나눠서 지급할 수도 있습니다. 누가 지급하든 나는 위 금액을 받는다고 생각하시면 됩니다. 즉, 배우자와 상간자가 각각 내서 이중으로 지급받을 수 있다는 뜻은 아닙니다. (배우자와 상간자가 합하여 위자료 액수만큼 지급하면 된다는 뜻입니다.)

조금 더 설명하자면, 상간자에게만 위자료 청구 소송을 진행하여 상간자가 나에게 위자료를 전부 지급했다고 합시다. 그럼 상간자는 나의 배우자에게 "너의 몫까지 내가 내었으니, 너의 부분에 대한 위자료는 나에게 줘"라며 부진정 연대 채무에 의해 구상권을 청구할 수 있습니다.

"저는 제 배우자가 아니라, 상간자에게만 받고 싶은데요"라고 말씀하시는 분들이 있습니다. 최근에는 이런 의사를 반영하여 '피고(상간자)의 부담 부분에 해당하는 위자료 액수만 지급을 피고에게 명하기로 한다' 등의 하급심 판결이 나오기도 합니다. 쉽게 설명하면, 법원에서 "상간자 너의 몫만 원고에게 줘"라고 판결하는 건데요. 구상권 등 복잡한 법률관계를 일회에 해결해주는 장점이 있다고 생각되지만, 이런 경우는 흔치 않습니다. 일반적으로 상간자에게만 위자료를 받고 싶다면, 구상권 청구를 포기하기로 조정하는 경우가 대부분입니다. 이때에는 선임된 변호사에게 구상권 포기 조항(소외 ○○○(배우자)에게 구상권을 행사하지 아니할 것임을 확인한다)을 반드시 넣어달라고 의사를 밝히시면 됩니다.

가정 폭력
신고하기

SNS만 보면 모두가 행복한 세상 같습니다. 일상의 단편을 보기 좋게 게시한 것들이 모여 있으니까요. 보통은 화면 이면에 어떠한 사정이 있는지 자세히 알 수 없습니다. 그러나 변호사는 부부가 처음 만났을 때부터 관계가 파탄에 이른 현재까지 현미경 보듯 자세하게 알게 됩니다. 그 과정에서 알게 되는 놀라운 사실 중 하나가 요즘도 가정 폭력을 겪고 있는 분이 매우 많다는 것입니다.

신체적 폭력만 가정 폭력인 것이 아닙니다. 상대를 정신적으로 괴롭히는 행위도 폭력입니다. 신혼 초부터 아내의 의부증으로 시달리다 이혼을 결심한 남편의 이야기입니다. 저와 상담을 할 당시 남편은 이미 이혼을 전제로 아내와 별거 중이었습니다. 남편이 가져온 녹취록과 사진을 살펴보니 아내가 밤에는 남편 집 앞에 찾아와 대문을 쾅쾅 차며 "네가 감히 나를 버려? 가만 안 둘 거야"라고 소란을 피우고, 낮에는 회사 앞에 지키고 있다가 동료와 함께 있는 남편에게 "딴 여자를 만나는지 다 지켜보고 있어!"라며 난동을 부린 증거들이 차곡차곡 있었습니다. 남편은 위 같은 아내 때문에 사회생활에 지장이 크고 불면증이 생기는 등 정신적 고통을 호소하면서도, 아직 형사 고소까지는 생각하고 싶지 않다며 무슨 방법이 없을지 상담을 하러 저를 찾아오신 것이었어요.

이렇게 이혼 과정 중에도 상대를 끊임없이 괴롭히고 힘들게 하는 경우가 있습니다. 특히 직접적인 신체적 폭행은 없는 경우 '경찰 신고를 해봤자 소용없을 것'이라 생각하고 그저 속수무책 당하는 피해자가 많은데요. 이 역시 가정 폭력에 해당합니다.

위와 같은 경우 먼저 휴대폰에 모든 통화를 자동으로 녹음해주는 앱을 설치하세요. 막상 전화가 오면 당황스럽고 머릿속이 새하얘져 녹음 버튼을 누르지 못하는 경우가 많기 때문입니다. 상대방의 부당한 행위를 녹음으로 남겨두셔야 나중에 증거로 쓸 수

외도·폭력

있습니다. 시도 때도 없이 보내는 문자메시지도 반드시 그 내역을 잘 보관해두세요. 문자메시지를 증거로 남겨두실 때는, 임의로 편집하지 않았음을 보여주기 위해 날짜가 포함된 내역 전체를 동영상으로 찍어두거나, 중간에 생략된 부분이 없다는 걸 보여줄 수 있도록 앞과 뒤를 조금씩 겹치게 캡처를 해두면 좋습니다.

만약 상대가 집 앞까지 찾아와 문을 두드리고 패악을 부리면 바로 경찰에 신고합니다. 상대가 발로 차서 문이 훼손되었거나, 집기가 어지럽혀졌다면 사진으로 남겨둡니다. 경찰이 가해자를 바로 잡아가는 것도 아닌데, 동네 창피하게 신고까지 해야 하냐고 묻는 분이 많습니다. 신고를 하는 이유는 기록을 남기기 위해서입니다. 112 신고 내역이나 조사 후 '사건사고사실확인원' 등 증거가 될 수 있는 서류를 발급받을 수 있거든요. 가정 폭력 사실이 있었음을 입증하는 데 수사기관으로부터 발급받은 문서는 좋은 증거가 됩니다.

비록 위의 남편분과 같이 아직 형사 고소까지는 고려하지 않더라도, 증거 수집이나 경찰 신고 정도는 해두는 것이 좋아요. 이는 이혼 소송에서 상대방의 폭력적이고 공격적 성향을 입증할 수 있는 증거가 됨은 물론 위자료 산정의 근거가 되어 이혼 조건을 협의할 시에도 유리한 합의를 이끌어낼 계기가 됩니다.

생각거리

· 이혼 소송 시 상대방의 접근을 금지시켜달라는 사전처분을 함께 신청할 수 있습니다. 가사소송법 제62조는 '적당하다고 인정되는 처분'이라고 규정하고 있기에 법원에 요청할 수 있는 내용이 자유롭습니다. 아래 예시를 보고 지금 내게 필요한 조치를 적어봅시다.

(예시) 주거지 (00구 00번길 00) 및 직장 (000구 000번길) 에서

100미터 이내의 접근 금지

(예시) 휴대폰, 이메일 주소, 유선, 무선, 광선 및 기타 전자적 방식에 의해

부호, 문언, 음향 또는 영상을 송신을 통해 000 의 명예를

훼손하는 행위를 하지 말 것.

가정 폭력
고소하기

"남의 집 일에는 간섭하는 것이 아니다"라는 말처럼 가정 폭력 사건은 그저 집안일로 치부될까 걱정되어 신고를 꺼려하는 분들이 많습니다. 괜히 신고했다가 별다른 도움은 받지 못한 채 상대방의 화만 돋울까 걱정되기도 하고요. 그러나 이는 옛말입니다. 가정 폭력이 발생하면 국가는 필요한 조치를 해야 합니다.

이를 규율한 법이 「가정폭력범죄의 처벌 등에 관한 특례법」이에요. 이 법에 따르면 경찰은 가정 폭력 신고를 받으면 출동하여 가정 폭력(폭행, 상해, 유기, 협박, 공갈, 감금, 명예훼손, 재물손괴,

주거침입, 정보통신망법상 불안감 유발, 특수손괴, 주거침입, 성폭력처벌법상 카메라 이용 촬영 등) 피해자에게 필요한 조치를 해줍니다. 특히 최근 경찰의 적극적 개입이 강조되는 방향으로 개정도 되었습니다.

조금 더 자세히 알려드리면, 가정 폭력으로 신고를 받은 경찰은 즉시 현장에 출동하여 폭력행위를 저지시키고 행위자와 피해자를 분리시켜야 합니다. 현행범의 체포 등 범죄수사를 할 수 있고, 피해자 보호를 위해 신고한 현장에 출입하여 조사를 할 수도 있습니다. 또한 극심한 폭력행위 등으로 긴급한 치료가 필요한 피해자의 경우에는 경찰이 직접 의료기관으로 인도하고, 본인동의 하에 보호시설로 인도하기도 합니다. 향후 폭력 행위를 할 시 접근금지 등의 임시조치를 신청할 수 있다고 행위자에게 통보하고, 피해자 보호명령, 신변안전조치를 청구할 수 있음을 고지합니다.

가정 폭력은 그 특성상 한 번으로 끝나는 경우가 거의 없고 지속적으로 가해지는 경우가 많기에 피해자는 신체적, 정신적으로 극심한 피해에 시달리게 됩니다. 특히 가해자가 남이 아닌 나의 배우자라는 점에서 자존감에 큰 상처를 받고, 심한 경우 정신과적 질병에 이를 수 있어요. 법원도 위와 같은 가정 폭력의 특수

성과 심각성을 이유로 예전과는 다르게, 가해자에게 실형을 선고하는 경우가 많아지고 있습니다.

앞서 상대방의 외도를 감내하고 결혼 생활을 유지하는 쪽을 선택하는 것은 어디까지나 개인의 선택이라고 말씀드린 바 있습니다. 개인의 가치관이나 성격, 상황에 따라 선택은 각기 다를 수 있다고요. 하지만 심각한 부상을 입힐 정도의 폭력을 행사하는 경우는 조금 더 용기를 내어보시라고 말씀드리고 싶어요.

• 가정 폭력 사건은 집 안에서 이루어지는 경우가 많으므로 가해자와 피해자의 분리가 매우 중요합니다. 참고로 배우자의 접근을 금지시킬 수 있는 제도는 이혼 소송 시 사전처분(가사소송법 제62조), 가정폭력법상 임시조치(제29조), 그리고 피해자보호명령(제55조의 2)이 있는데 각각 절차와 요건, 조치 기간, 이를 어길 시 처벌이 다릅니다. 가정폭력법상 임시조치 중 나에게 필요한 조치가 있다면 체크해보세요.

[가정폭력범죄의 처벌 등에 관한 특례법상 임시조치]

☐ 피해자 또는 가정구성원의 주거 또는 점유하는 방실로부터의 퇴거 등 격리

☐ 피해자 또는 가정구성원의 주거, 직장 등에서 100미터 이내의 접근 금지

☐ 피해자 또는 가정구성원에 대한 전기통신을 이용한 접근 금지

☐ 의료기관 기타 요양소에서의 위탁

☐ 경찰관서 유치장 또는 구치소에의 유치

☐ 상담소 등에 상담위탁(상담소장이 상담결과보고서를 판사와 검사에게 제출)

• 외부에 도움을 요청하는 일을 너무 어렵게 생각하지 마세요. 요즘은 전화 상담뿐 아니라 카카오톡이나 화상으로 상담을 할 수 있는 곳들도 있으니 상담부터 한번 시도해보시는 것도 좋을 것 같습니다. 가정 폭력으로 상담을 받은 사실은 이혼 소송이나 형사 고소뿐 아니라 주민등록열람 제한조치 등을 위한 증거자료로도 활용되니 이 점도 참고해주세요

한국가정법률상담소 (http://lawhome.or.kr)

한국여성의전화 (www.hotline.or.kr)

대한가정법률복지상담원 (http://lawqa.jinbo.net)

폭행 증거
수집하기

"남편에게 맞았어요. 남편이 갑자기 제 얼굴을 주먹으로 때리고, 쓰러진 저를 발로 찼습니다." 참으로 기가 막히고 분한 일입니다. 아픈 기억을 끄집어내는 것도 죄송스러운데 몸과 마음을 다친 분께 변호사인 저는 다시 물어야만 합니다. "혹시 증거가 있으신가요?"

가정 폭력 상담을 해보면 안타깝게도 경찰서 신고 기록, 병원 진단서, 녹취 파일 등 증거가 하나도 없는 경우가 적지 않습니다. "당시에는 이혼할 생각이 아니어서 굳이 증거를 보관하진 않았어요"라고 하시거나 "폭행을 당한 것도 억울한데 그걸 내가 입

증까지 해야 하나요?"라며 눈물을 흘리는 분도 많습니다. 저희
는 증거가 없어도 의뢰인의 말을 믿습니다. 그러나 법원은 그렇
지 않습니다. 법원은 증거를 보고 판단합니다.

따라서 폭행의 증거를 확보하는 것은 무엇보다 중요합니다.
폭행 당일 부상을 입은 부위를 자세히 찍어 사진과 동영상으로
남기고, 목격자가 있다면 확실하게 가해자를 기록하여 진술(녹
취)을 받아야 하며, 누가 어디를 어떻게 때렸는지 부상의 이유가
적힌 진단서도 발급 받아두는 것이 좋습니다. 그렇게 받아둔 진
단서나(가능한 상해진단서가 좋습니다) 의무기록사본은 폭행 사실
을 입증할 훌륭한 증거가 됩니다. 의무기록사본은 환자가 요구
할 시 반드시 교부할 의무가 있어 발급에 어려움이 없습니다. 일
반 진단서의 경우에도 발급 비용이 보통 약 2만 원 내외로 크지
않아요.

경찰서에 신고한 기록도 폭행 사실의 증거가 됨은 앞서 말씀드
린 바와 같습니다. 112 신고접수내역 같은 경우 1년 이후 삭제 처
리되니 당장은 사용처가 없더라도 꼭 받아두시는 것을 권합니다.

가해자를 처벌할 목적뿐 아니라, 피해자만 이혼을 원할 경우
에도 증거가 꼭 필요합니다. 가해자가 이혼을 원치 않으면 이혼

소송을 해야 하는데, 이때 폭행의 증거는 곧 상대방의 귀책사유가 되어 이혼 사유 및 위자료 인정의 훌륭한 근거 자료가 될 수 있어요. 그러니 향후 대비를 위해 그때그때 증거를 반드시 보관해두세요.

또한 이혼 소송을 하거나 형사 고소까지는 하지 않겠다고 하시는 경우라도, 당분간 가해자의 접근을 금지시키는 내용의 조치를 법원에 신청할 수 있는데 이때도 폭행의 증거는 큰 도움이 됩니다.

가정 폭력은 가해자가 가족이라는 점에서, 남에게 당한 경우보다 몇 배의 정신적 충격을 받게 되고 몸도 마음도 다쳐 당장 증거를 남겨야겠다는 생각까지는 못할 수도 있습니다. 충분히 이해합니다. 하지만 향후 나의 안전을 위해 필요한 조치를 하려고 할 때, 폭행 당시의 증거가 필요하다는 것을 꼭 기억해주세요.

생각거리

☐ 병원 진단서 및 의무기록사본

☐ 날짜를 확인할 수 있는, 폭행당한 사진

☐ 다시는 때리지 않겠다는 취지의 상대방 자필 각서

☐ 경찰서 접수 및 조사 후 받은 사건사고사실확인서

☐ 상대방과 대화를 나눈 카카오톡, 문자 내역

☐ 목격자의 진술서 (자녀 진술서도 가능)

☐ 경찰서에서 발급받은 112 신고접수처리 내역 (1년 이내)

☐ 가정폭력처벌결과통지서

☐ 1336 여성의 전화상담내역 (상담일지 내용은 비공개될 수 있음)

☐ 쉼터입소증명서

양육권

가장 중요한 것은
자녀의 복지와 행복입니다

자녀와 함께하는
이혼

이혼을 피할 수 없다면, 되도록 자녀에게 상처를 덜 주는 방법은 없을까요? 자녀에게 이혼 사실을 어떻게 알려야 할지, 엄마와 아빠 중 누구와 같이 살고 싶은지와 같은 질문을, 대체 어떻게 해야 할지 모르겠다고 말씀하시는 경우가 많습니다. 심지어는 이혼 사실을 줄곧 숨기다가 갑자기 자녀에게 통보하는 경우도 있는데요. 이렇게 일방적으로 이혼과 양육자를 통보하는 것은 자녀로 하여금 배신감과 분노를 느끼게 하고, 좌절감이나 불안함을 더욱 가중시킬 수 있습니다.

양육권

부모가 이혼하는 과정에서 자녀에게 미칠 부정적인 영향을 줄이려면 어떻게 해야 할까요? 바로 '자녀와 함께' 이혼을 준비한다는 마음을 가지는 것입니다. 심리 전문가들이 조언하는 이혼 준비 단계는 이렇습니다.

　첫 번째로, 이혼을 결정하기 전에 자녀에게 먼저 의견을 묻습니다. 자녀의 나이를 고려하여 이해하기 쉬운 언어로 의견을 물어보는 게 좋습니다. "요즘 엄마랑 아빠가 자주 싸우는데, 네 마음이 어때? 엄마 아빠 문제에 대해 어떻게 생각하는지 듣고 싶어"와 같이 자연스럽게 유도해보세요. 아이들은 의외로 많은 부분을 알고 있고, 이미 눈치 채고 있을 가능성이 큽니다. 부모의 다툼으로 불안해하고 있을 아이에게 이렇게 이야기할 기회를 줌으로써, 부모가 이혼을 결정하더라도 그 충격을 완화할 수 있으며, 서로 이야기 나눌 수 있는 계기를 마련할 수 있습니다.

　두 번째로, 이혼을 결정했다면 자녀에게 사실대로 알립니다. "아빠가 일하러 멀리 출장 가셨어", "엄마가 당분간 집에 오지 못할 거야" 같은 식으로 이혼 사실을 자녀에게 오랫동안 숨기는 분들도 계십니다. 물론 자녀가 받게 될 충격을 줄이고자 하는 마음이야 이해하지만, 좋은 방법이 아닙니다. 자녀들 역시 어느 정도 눈치를 채고 있을 가능성이 크고, 숨긴다 하더라도 언젠가는 부모의 이혼 사실을 알게 되기 때문입니다. 그때 더 큰 배신감과 분노를 느끼지 않도록, 부모가 먼저 이혼 사실을 자녀에게 이야기해줘야 합니다. 자녀 나이에 맞춰서 자녀가 이해할 수 있는 말로 설명해주세요. 엄마 아빠가 헤어져 사는 것일 뿐, 아이에 대한 부모의 사랑은 변함이 없다는 것을 끊임없이 이야기해주며 부모에 대한 믿음을 심어주어야 합니다.

"엄마 아빠와 함께 살고 싶은 너의 마음은 이해해. 엄마 아빠도 정말 오래 생각하고 결심했지만, 오히려 함께 사는 것이 서로에게 힘든 것 같아서 헤어지게 되었어. 그렇지만 엄마 아빠가 너를 사랑하는 마음은 절대 변함이 없어."

마지막 세 번째, 양육자를 결정했다면 변화할 환경에 대비해야 합니다. 자녀가 부모의 이혼 사실을 받아들였다고 판단되면 양육자, 이사, 전학 등에 관하여 자녀의 의견을 들어보셔야 합니다. 자녀가 부모의 이혼에 대해 쉽게 받아들이지 못한다면, 조금 시간을 두는 것도 좋습니다. 위의 단계를 거치지 않고 바로 "엄마 아빠는 헤어지고, 너는 이제부터 엄마와 살 것이다"라는 식으로 통보하는 일은 절대 없도록 합시다.

양육자 지정에서 가장 중요한 요소 중 하나는 자녀의 의사입니다. 법원에서도 자녀의 진정한 의사를 매우 중요하게 보고 있습니다. 자기 의사를 표현할 수 있는 연령의 자녀라면, 그 의사를 존중해줄 필요가 있습니다. 아이들이 부모에게 미안해서 말을 못 하는 경우도 있으니, 편한 분위기에서 자녀의 의사를 물어보는 것도 좋은 방법입니다. 엄마 아빠 중 누구와 함께 살고 싶은지 아이의 말을 경청하고 가족 모두가 이에 대해 합의하는 것이 가장 좋겠죠.

물론 아이들은 부모 모두와 함께 살기를 원하고, 부모 중 한 명만 선택하는 것에 대하여 미안함, 혼란스러움, 죄책감과 같은 마음을 갖기도 합니다. 부모는 이러한 아이의 마음을 잘 알아주고 다독여줘야 합니다. 자녀에게 양육자로 선택받지 못한 부모도 마음이 힘들 수 있습니다. 그러나 자녀의 마음이 더 힘들다는 것을 잊지 마세요. 함께 살 수는 없지만, 자녀의 선택을 존중하면서 정기적으로 자주 만나 자녀에게 정서적인 안정감을 주는 것이 부모의 역할이라 생각합니다.

· 자녀에게 누구랑 살고 싶은지 어떻게 물어봐야 하나 걱정이 많으실 거라 생각됩니다. 언제, 어떤 식으로 이야기를 꺼낼 것인지, 누가 있는 자리에서 말을 할 것인지 등을 생각해봅니다.

양육권자 결정 시
금기 사항

아이를 누가 양육할지를 정할 때 절대 하지 말아야 할 행동 중 하나는 무엇일까요? 바로 빨리 이혼하고 싶어서 자녀를 섣불리 포기하는 일입니다. 지금 당장 이혼이 너무 절실하다고 하여 "이혼만 해준다면 아이도 포기하고 아이 앞에도 절대 나타나지 않겠다"라는 식의 약속을 하는 것은 아이에게나 본인에게나 큰 상처가 됩니다. 뒤늦게 소송으로 양육권자를 변경하려 해도 이미 양육권을 한번 포기했던 사실은 양육권자로 지정받는 데 큰 걸림돌이 됩니다.

무엇보다 자녀를 수단으로 이용해서는 안 됩니다. "이 아이는 우리 집안의 종손입니다. 우리 집안 핏줄을 남이 키우게 둘 수는 없습니다"라고 말씀하시는 어르신의 경우처럼 자녀를 단지 대를 잇는 수단으로 생각하여 양육권을 가져오려 하거나, "상대방이 바람을 피워서 이혼했는데, 이혼하고 아이까지 넘겨주면 저는 누구에게 위안을 받습니까"와 같이 자녀를 나의 외로움이나 마음을 달래줄 수단으로 생각해서도 안 됩니다.

심지어 "아이를 포기하면(양육권을 주면) 얼마를 더 받을 수 있나요?"와 같이 양육권 포기를 무기로 삼아 금전적 이득을 취하려는 분들도 아주 가끔 있는데요. 양육권을 포기한다고 재산분할을 더 받을 수 있다는 법률 규정은 없다고 단호히 답변을 드립니다.

상대방을 괴롭히기 위한 수단으로 양육권을 이용하는 경우도 있습니다. "자식을 못 보는 벌이라도 받아야죠"라며 양육할 의도도 없으면서 양육권을 가져오겠다고 하거나 이혼 후에도 자녀를 보여주지 않을 방법은 없냐고 물으시는 분들도 있는데요. 비양육자와의 만남이 자녀의 복리에 크게 해를 끼치는 경우가 아니면, 비양육자의 면접교섭권까지 박탈할 수 있는 방법은 없습니다. 무엇보다 양육권을 자녀의 복지와 행복이 아니라, 상대방을 괴롭히는 수단으로 이용하는 것은 부모로서 올바르지 못한 태도입니다.

양육권자가 지정되기 전에도 주의해야 할 사항이 있습니다. 이혼을 결정하는 부모 역시 인간인지라, 자녀 앞에서 약한 모습을 보일 때가 있습니다. 신세 한탄이나 경제적인 걱정을 늘어놓거나 죽고 싶다는 이야기를 하는 부모들이 종종 있는데요. 이는 자녀의 정서에도 부정적인 영향을 끼칠 뿐 아니라, 양육권 소송에도 불리하게 작용할 수 있습니다.

실제로 남편의 무관심과 무시, 외도 등에 지쳐 이혼 소송 중에 우울증까지 걸린 한 여성분이 있었습니다. 이분은 내 인생이 왜 이렇게 되었는지 억울해하며 자녀 앞에서 종종 눈물을 보이곤 했는데요. 특히 어린 자녀를 앞에 두고 이혼 사유를 세세하게 털어놓는가 하면, "이렇게 사느니 죽고 싶다"란 말도 서슴지 않았습니다. 한번은 베란다에 우두커니 서 있는 엄마를 보고 자녀가 "엄마 죽지 마"라며 말리는 일까지 있었습니다.

결국 이런 사실이 양육권 소송에서 불리하게 작용해 양육권마저 뺏기고 말았습니다. 법원은 극심한 우울증을 겪고 있는 엄마와 함께 있는 것이 자녀에게 좋은 환경이 아니라고 판단한 것이지요. 혼인 파탄의 책임이 상대방에게 있었기에, 당연히 양육권은 본인이 지킬 수 있을 것이라 생각했던 터라 사례자는 큰 충격을 받으신 듯했습니다. 아무리 힘들어도, 자녀에게 이런 모습을 절대 보이시면 안 됩니다. 무엇보다 중요한 것은 자녀의 복지임을 꼭 명심해주세요.

양육권

혼자
아이 키울 준비하기

　　　　　서로 절대로 양육권을 포기할 수 없다고 주장하는 경우, 양육권 소송은 그 어떤 송사보다 치열한 다툼의 장이 됩니다. 원고와 피고뿐 아니라 양가 부모님들까지 합세하여 수년간 지난하게 다투는 경우가 많거든요. 조정의 여지가 없는 '모 아니면 도' 식의 양육권 소송 특성상 어쩔 수 없겠지만, 아이만큼은 절대 포기할 수 없다는 부모들의 마음이 더해져 더욱 그러한 것 같습니다.

　　자녀를 누가 양육할지 부부 간에 도저히 합의가 되지 않아 결국 소송까지 제기하여 자녀의 친권 및 양육권자로 지정받게 된

아버님이 계셨습니다. 양육권만 가져올 수 있다면 어떤 조건이든 다 받아들이겠다고 하셨는데요. 상대방 또한 마찬가지여서 참 쉽지 않은 소송이었습니다. 수년간 치열한 다툼 끝에 어렵게 양육권을 가져오는 데 성공한 이분을 다시 뵙게 되었는데, 처음과는 마음이 조금 달라지신 듯 보였습니다.

"저는 육아와 직장 일로 정신이 없어 여행은 생각도 못 하는데, 전처는 맛집 투어도 다니고 여행도 자주 다니는지 카톡 프로필이 매번 바뀌더라고요. 일부러 보는 건 아니고 면접교섭을 시켜주려면 애 엄마랑 카톡을 안 할 수가 없거든요. 애인이 찍어주는 사진 같은데, 자녀를 키우지 않는 쪽은 새로운 사람을 만나기도 훨씬 자유로울 테니까요. 전 한 푼이라도 더 벌려고 평일에는 야근하느라 아이 자는 모습밖에 못 보는데, 전처는 주말에 면접교섭 한다고 온종일 아이와 시간을 보내니 뭔가 억울합니다. 아이도 엄마는 아빠처럼 숙제해라, 공부해라 이런 잔소리하지 않고 즐겁게 놀아주기만 하니 요즘은 오히려 엄마를 더 좋아하는 것 같아요. 서운하기도 하고 마음이 복잡하네요."

이처럼 부모 중 한쪽이 양육을 도맡는 것은 생각보다 쉬운 일이 아닙니다. 냉정하게 자신의 마음을 돌아봐야 합니다. 이혼 이후, 양육권을 가진 쪽과 그렇지 않은 쪽은 생활 패턴이 크게 다를 수밖에 없는데요. 다시금 부모로서가 아닌 '나 자신'을 최우선으

양육권

로 두고 자유로운 싱글 라이프를 누리고 싶다거나 새로운 사람을 만날 때 닥칠 수 있는 현실적인 불편함이 우려된다면, 어렵게 양육권자로 지정받게 되더라도 결국 자녀와 본인 모두에게 좋지 않은 결과를 초래할 수 있습니다. 그러니 '이혼 후 자녀를 온전히 혼자 도맡아 보살펴야 하는 상황'에 대하여 현실적이고 구체적으로 생각해보고, 나와 자녀 모두를 위해, 내 마음을 잘 들여다보시기 바랍니다.

또한 내가 '자녀에게 이혼 전과 크게 다르지 않은 양육 및 교육 환경을 제공할 수 있는 경제력이 있는지' 역시 냉정하게 생각해보셔야 합니다. 물론 경제력이 더 큰 쪽이 무조건 양육권을 가져가야 하는 것도, 그래야만 자녀가 더 행복한 것도 아닙니다. 다만 현실적으로 양육권자의 경제력이 자녀의 복지에 큰 영향을 끼치는 요소임은 분명하니, 자녀가 이혼 전보다 더 열악한 환경에 놓이게 되는 것은 아닌지도 생각해봐야 합니다.

자녀가 누구와 함께일 때 더 큰 행복감과 안정을 느끼며 성장할 수 있는가, 그리고 과연 나는 자녀를 혼자 책임질 만한 단단한 마음과 경제력을 가지고 있는가, 나의 마음과 상황을 솔직하게 들여다보시기 바랍니다.

생 각 거 리

✔체크리스트 내가 혼자 자녀를 양육하게 된다면 여건이 어떠한지 생각해보세요. 아래 해당 사항이 있다면 체크해봅니다.

☐ 나와 자녀가 현재 거주하고 있는 곳에서 그대로 지낼 수 있다.

☐ 나는 양육비를 받지 못할 경우에도 버틸 수 있는 경제력이 있다.

☐ 내 직업은 출장이 잦아 집을 비울 일이 많다.

☐ 자녀 양육을 위한 복지가 풍부한 회사에 재직하고 있다.

☐ 나에겐 양육을 도와줄 사람이 있다(조부모 등).

☐ 조부모는 아니지만 대신 보조양육자를 고용할 여력이 된다.

☐ 나와 보조 양육자 모두 부적합한 환경요소가 없다(도박, 알코올, 폭력적인 성향 등).

☐ 되도록 빨리 재혼을 하고 싶다.

• 양육권에 대한 나의 마음과 상황을 솔직하게 적어봅시다. 전에는 자녀를 중심으로 적어보았다면, 이번에는 온전히 나에 집중해서 적어보는 시간을 가져봅니다. 먼저 양육권에 대한 솔직한 나의 심정과 마음을 적어봅니다.

법원의
양육권자 지정 기준

　　　　　　　　　　　　　자녀를 누가 키울지 양육
권에 대해 서로 합의가 되지 않는다면 소송을 통하여 법원이 이
를 정합니다. 법원은 어떤 기준으로 양육자를 지정할까요?

자녀의 양육을 포함한 친권은 부모의 권리이자 의무로서, 미성년인 자
녀의 복지에 직접적인 영향을 미친다. 그러므로 부모가 이혼하는 경우
에 부모 중 누구를 미성년인 자녀의 친권자 및 양육자로 지정할 것인가
를 정할 때는, 자녀의 성별과 연령, 그에 대한 부모의 애정과 양육 의사
의 유무, 양육에 필요한 경제적 능력의 유무, 부모와 자녀 사이의 친밀
도, 자녀의 의사 등 모든 요소를 종합적으로 고려하여 자녀의 성장과

복지에 가장 도움이 되는 적합한 방향으로 판단하여야 한다. (대법원 2010.5.13. 선고 2009므1458, 1465 판결 등 참조)

혼인 생활의 과정과 파탄 경위, 직업, 소득, 경제적인 상황, 양육 의지, 사건본인의 나이, 과거 및 현재의 양육 상황, 양육 환경 등을 종합해서 자녀의 복지에 가장 도움이 되는 방향으로 판단하여야 한다. (대법원 2008.5.8. 선고 2008므380 판결, 대법원 2012.4.13. 선고 2011므4665 판결 등 참조)

위 판례에서 밝힌 바와 같이 법원은 자녀의 복리를 최우선으로 고려하여 양육자를 지정하며, 구체적으로는 혼인 생활의 과정과 파탄 경위, 부모의 자녀에 대한 애정, 부모의 양육 의사, 양육 의지, 부모의 경제력, 양육 방식, 교육 환경 및 주거 환경, 자녀의 성별과 연령, 부모와 자녀와의 친밀도 및 관계, 자녀의 의사 등을 종합적으로 고려하여 결정합니다.

한번은 만삭의 임신부가 변호사 사무실에 오신 적이 있었습니다. 이왕 이혼할 거라면 아기가 태어나기 전에, 부모의 이혼에 대한 인지능력이 없을 때 이혼을 하는 것이 자녀에게 상처가 덜 될 것 같아서 이혼을 서두르신다고 하였습니다. 아무래도 자녀가 어릴수록 양육권자로 엄마가 지정될 가능성이 크기도 하고요. 그러나 한편으로는 혹시나 경제적으로 더 여유로운 남편에게 양육권을 뺏기게 되지는 않을까 걱정하셨는데요.

법원은 양육권자를 누구로 지정할지 판단할 때 어느 한 가지 요소만 고려하지 않습니다. 여러 요소를 종합적으로 고려하여 자녀의 복지에 가장 바람직한 방법이 무엇일지 고민합니다. 따라서 위 사례의 경우 엄마가 아빠보다 경제력이 다소 부족하다 하더라도 자녀가 젖먹이 아기라서 주 양육자인 엄마가 친권 및 양육자로 지정받을 가능성이 매우 높습니다. 만약 자녀가 청소년이면 자녀의 의사를 반영하는 경우가 많고요.

또한 법원은 현재 자녀를 양육하고 있는 자를 양육자로 지정하는 경향이 있습니다. 따라서 양육권을 가져오고 싶다면 자녀도 나와 함께 살고 싶게끔 자녀와 좋은 관계를 유지하고, 가능하다면 현재 자녀를 양육하고 있는 편이 더 유리합니다. 그러나 함께 사는 것이 유리하다고 해서 상대방과 함께 살고 있는 자녀를 몰래 데려오는 행위는 절대 금물입니다.

남편의 부정행위로 이혼을 결심한 여성이 있었습니다. 부부 사이에 이혼 이야기가 나오자마자 시가에서 3살, 5살 남매를 데리고 가버렸다고 합니다. 그동안은 아이엄마와 외할머니가 주로 양육을 했는데 말이죠. 시가에서는 "우리 핏줄을 절대 남에게 줄수 없으니 나가려면 너만 나가라" 식의 적대적인 태도를 취했습니다. 아이엄마는 지금이라도 아이를 몰래 데려와도 되는지 물었습니다.

이는 절대 해서는 안 되는 일입니다. 자칫 '미성년자 약취'로 형사적인 책임을 물을 수 있습니다. 부모가 이혼하였거나 별거하는 상황에서, 부모 중 일방이 평온하게 보호·양육 하고 있는데 상대방과 그의 부모가 폭행을 행사하여 그 보호·양육 상태를 깨뜨리고 자녀를 자기의 사실상 지배하에 옮긴 경우, 특별한 사정이 없는 한 미성자년에 대한 약취죄에 해당합니다(대법원 2021. 9. 9. 선고 2019도 16421 판결).

양육권 상담을 할 때, "현재 평온하게 자녀를 양육하고 있는 사람이 소송에서 양육권을 지정받는 데 유리하다"고 말씀드리면 "지금이라도 어린이집 앞에서 기다렸다가 데려오면 안 되냐"고 물으시거나 "면접교섭을 한다고 속이고 데려오겠다"고 하시는 분들이 이외로 많습니다. 그러나 이는 상담 내용을 잘못 이해하신 겁니다. '평온하게'를 주목해주세요. 주 양육자로부터 억지로 자녀를 탈취해와서 데리고 있는 상황은 평온하게 양육을 하고 있는 게 아닙니다. 법원은 결국 아이의 복지를 최우선으로 두고 주 양육자를 누구로 할지 판단하는데, 자녀를 약취한 사실은 오히려 불리하게 작용할 거예요. 또한 갑자기 양육자와 분리된 자녀의 정서에도 좋지 않은 것이고요.

결국 이분은 양육권 소송에서 승소하여 자녀와 함께 살게 되었습니다. 자녀들의 연령이 어려 엄마의 돌봄이 필요하다는 점, 자녀들이 엄마와 더 친밀하고 주 양육자가 엄마였다는 점, 친정 어머니도 양육에 도움을 준다는 점, 혼인 파탄의 책임이 상대방에 있다는 점 등이 반영된 결과였습니다. 상대방은 남매 중 아들이라도 데려오길 원했으나, 남매가 함께 사는 것이 올바른 성장과 정서를 위하여 바람직하다고 재판부에서 판단하여 엄마 측이 남매 모두의 양육권을 가지게 되었습니다.

양육권에 대하여 합의가 이뤄지지 않을 때, 법원에서 양육권자를 지정하는 기준과 판례에 대하여 대략적으로 살펴보았는데요. 양육권 소송은 법원에서도 결론을 내리기 어려워하는 소송인 것 같습니다. 그래서인지 소송이 오래 걸리는 경우도 참 많습니다. 판례에 '자녀의 복지'라는 기준이 있지만, 엄마와 아빠 중누구와 사는 것이 자녀의 복지에 부합하는지 판단하는 것은 누구라도 쉽지 않으니까요. 최근 법원은 실무적으로 '자녀의 의사'를 굉장히 중요한 요소로 보는 경향이 강화되고 있는 듯하니, 이

부분도 기억해주세요.

　참고로 친권과 양육권은 다릅니다. 친권이란 부모가 미성년인 자식에 대하여 보호, 감독을 내용으로 하는 신분상, 재산상의 권리와 의무를 통틀어 이르는 말입니다. 실생활에서 은행 계좌를 개설하거나 여권 발급, 휴대폰 개통 등에 있어 필요한 권리죠. 양육권은 미성년 자녀를 실제로 키우는 것, 즉 함께 거주할 수 있는 권리를 의미합니다. 가끔 양육권을 지정받지 못한 쪽에서 친권이라도 행사하게 해달라 요구하는 경우가 있고 별다른 생각 없이 동의를 해주시는 경우가 있는데, 이는 추천하지 않습니다. 자녀에게 은행·주식 등의 금융 계좌를 만들어주거나 여행을 위해 여권을 만들 때마다 친권자에게 서명을 해달라 해야 하는데, 이는 불편함을 넘어 분쟁의 소지가 될 수 있겠지요. 그래서 법원에서도 친권자와 양육권자를 같은 사람으로 지정하는 것이 일반적입니다.

양육권

• 양육권자 지정에 대한 판례를 살펴보면서 나의 상황에 대입시켜봅니다.

자녀의 성별과 연령, 그에 대한 부모의 애정과 양육 의사의 유무, 양육에 필요한 경제적 능력의 유무, 부모와 자녀 사이의 친밀도, 자녀의 의사 등 모든 요소를 종합적으로 고려하여 자녀의 성장과 복지에 가장 도움이 되는 적합한 방향으로 판단하여야 한다. (대법원 2010.5.13. 선고 2009므1458, 1465 판결 등 참조)

혼인 생활의 과정과 파탄 경위, 직업, 소득, 경제적인 상황, 양육 의지, 사건본인의 나이, 과거 및 현재의 양육 상황, 양육 환경 등을 종합해서 자녀의 복지에 가장 도움이 되는 방향으로 판단하여야 한다. (대법원 2010. 5. 13. 선고 2009므1458, 1465 판결 등 참조)

자녀의 성별과 연령을 적어보세요.

현재 주 양육자는 누구인가요?

자녀가 누구와 더 친밀하다고 생각하나요?

엄마, 아빠 중 양육 의사와 의지는 누가 더 있나요?

자녀가 누구와 함께 살고 싶어 하나요?

현재 보조 양육자가 있다면 외가인가요, 친가인가요?

자녀의 양육할 수 있는 경제력이 더 좋은 쪽은 누구인가요?

• 아이를 데리고 나와 별거 중이거나 이혼 소송 중인데 양육권 다툼이 있는 상황이라면 예시를 보고 내 상황에 맞게 미리 조치할 것들을 생각해봅시다.

☐ 어린이집 선생님에게 상대방(아빠 혹은 엄마)이 데리러 와도 넘겨주지 말고 나에게 꼭 연락을 해달라고 부탁드릴 것

☐ 자녀돌보미가 계실 경우 상대방이 와도 절대 문을 열어주지 말도록 일러둘 것

☐ 상대방에게 자녀를 만나려면 사전에 연락을 달라고 알릴 것

✔체크리스트 이미 자녀를 데려가버렸다면 아래 중 내게 필요한 사항을 체크해보세요.

☐ 사건 당일 경찰에 신고

☐ 경찰의 협조를 받아서 신속하게 아이를 인도받을 수 있도록 요청해보기

☐ 법원에 양육권자 임시 지정을 구하는 사전처분 신청을 해서 양육자로 지정받기(사전처분은 이혼 소송 전이라도 가능합니다.)

☐ 자녀를 뺏기는 과정에서 폭행을 당했다면 사진, 진단서 등 증거로 남겨두기

☐ 그 외 내 상황에서 빠트린 상황은 없는지 전문가와 상의하기

법원의
양육비 산정 기준

양육권자로 지정되어 혼자 양육을 하게 된다면, 그 대신 양육비는 상대방이 전부 부담해야 한다고 생각하는 분들이 있습니다. 그러나 이는 사실이 아닙니다. 양육비는 양육권자로 누가 지정받았든 관계없이 부, 모가 공동으로 부담해야 하는 비용입니다. 다만 자녀와 함께 거주하고 있는 양육권자는 실생활에서 거주비, 식비, 교육비 등을 직접 지출하고, 비양육자는 자신이 분담하고 있는 금액만큼 양육자에게 지급하는 것이지요.

양육비 지급 방식은 정기금 형식으로 매달 얼마의 양육비를 지급하도록 정하는 것이 일반적입니다. "내가 돈을 쌓아두고 안주는 것이 아니다. 내 자식인데 돈 생기면 어련히 알아서 준다"라든가 "양육비를 매월 주면 그 돈을 딴 남자랑 데이트하는 데쓰겠지", "내가 따로 계좌에 알아서 입금하고 있어요. 아이 대학졸업 때 한꺼번에 줄 거예요"라는 비양육자의 주장들은, 상대방이 동의하지 않는 한 불가합니다. 지금 먹고 배우고 입어야 하는어린 자녀에게, 돈은 네가 성년이 되면 한꺼번에 줄 테니 그때까지 먹지 말고, 입지 말고, 교육받지 말라고 할 수는 없으니까요.양육비 지급의 핵심은 '적절한 금액의 적시 지급'입니다.

다만 지급 금액이나 방식에 관하여 부부가 합의를 했다면 다른 방법을 택해도 무방합니다. 일시금으로 한 번에 양육비를 지급하거나 금전이 아닌 부동산소유권이전 등으로 양육비 지급을대신하자고 합의할 수도 있습니다.

하지만 합의가 이루어지지 않을 때에는 법원을 찾아가야겠죠? 양육비를 지급받지 못하고 있는 양육권자는 법원에 양육비청구 소송을 제기할 수 있습니다. 소송으로 이혼을 하는 경우에는 처음부터 이혼 청구와 함께 양육비 청구도 함께할 수 있고요.그렇다면 법원에서 산정하는 양육비 기준이 있을까요?

서울가정법원은 자녀의 연령, 부모의 수입을 기준으로 하여 재판 과정에서의 법원의 양육비 결정 및 부부간의 양육비 합의 시 양육비 결정의 기초자료로서 양육비 산정기준표를 공표하고 있습니다. 양육비 산정기준표와 자세한 계산 방식이 궁금하다면 '법원 대국민서비스 > 소식 > 새소식' 검색란에 '양육비 산정기준표'를 검색하여 나오는 게시물을 확인하시기 바랍니다.

다만 양육비 산정기준표는 강제력이 있는 것이 아닙니다. 부부가 양육비를 결정하는 데 반드시 따라야 하는 기준이 아니며, 법원도 양육비를 결정할 때 이것만을 기준으로 삼지는 않습니다. 예를 들어 양육비 산정기준표를 현저히 넘는 가구 소득이나 자산이 있는 경우, 자녀가 예체능을 배우거나 유학 중이라 교육비가 훨씬 많이 소요되는 경우, 발달장애 등의 사유로 의료비와 특수학교 비용이 지속적으로 지출될 것이 예상되는 경우 등 특별한 사정이 있는 경우에는 양육비를 증액하거나 감경하는 내용의 합의를 하실 수 있습니다.

이 표는 법이 아니라 어디까지나 가이드이지만, 법원에서 양육비를 정할 때 주로 참고하므로, 부부가 양육비에 관한 합의를 할 때 좋은 참고 자료가 될 것입니다.

양육권

양육비합의서
작성하기

　　　　　　　　　　　　　　　양육권과 양육비에 대하여 합의가 이뤄졌다면, 합의서를 작성해볼까요? 이혼합의서에는 양육권과 양육비 외에 면접교섭권, 재산분할 등 여러 가지 조항이 포함되지만 여기서는 양육권과 양육비에 대하여 먼저 정리해보려고 합니다.

　　아래 기본적인 형식의 양육자 지정 및 양육비 지급에 대한 합의서 예시입니다.

　　1. □□□과 △△△의 자녀 ○○○의 친권자 및 양육자로 □□□를 지정한다.

2. △△△은 □□□에게 ○○○의 양육비로 ○○○가 성년에 이르기 전
날까지 매월 말일, 80만 원씩을 지급한다.

이처럼 누구를 양육자로 지정할 것인지, 양육비는 언제, 얼마씩 지급할 것인지를 적습니다. 보통은 매월 얼마씩을 지급하는 방식으로 작성하는데, 쌍방이 동의하면 매달 지급하는 방식이 아닌 한 번에 지급하는 방법을 선택할 수도 있습니다.

△△△은 □□□에게 ○○○의 양육비로 2022.02.31.까지 _____ 원
을 지급한다.

과거 양육비를 받지 못한 경우에는, 이를 한꺼번에 지급한다는 것으로 합의서에 넣을 수 있습니다.

△△△은 □□□에게 ○○○의 과거 양육비로 2022.03.31.까지 1,500만
원을, 장래 양육비로 2022.04.01.부터 ○○○가 성년에 이르기 전날까지
월 50만 원을 매월 말일에 지급한다.

혹은 양육비를 대신하여 부동산의 소유권을 넘겨주는 방식으로 합의할 수도 있습니다.

△△△은 □□□에게 ○○○의 과거 및 미래 양육비로 2022.03.31.까지
○○시 ○○구 ○○동 ○○아파트 ○동 ○호의 아파트의 소유권을 양도
한다.

양육권

• 필요하다면 아래 예시를 참고하여 자신의 상황에 맞는 문구를 작성하세요.

1. □□□과 △△△의 자녀 ○○○의 친권자 및 양육자로 □□□를 지정한다.

2. △△△은 □□□에게 ○○○의 양육비로 ○○○가 성년에 이르기 전날까지 매월 말일, 80만 원씩을 지급한다.

양육비를
받지 못할 때

양육비 지급에 대하여 합의했거나 양육비 지급을 명하는 가정법원의 심판 또는 판결을 받은 후에도 비양육자가 양육자에게 양육비를 지급하지 않는 경우가 있습니다. 참으로 무책임하고 화나는 행동이 아닐 수 없습니다.

이럴 때는 어떻게 해야 할까요? 먼저 법원에 판결문이나 양육비부담조서 등으로 이미 정해진 양육비를 비양육자가 지급하도록 해달라는 가사소송법상 이행명령을 신청할 수 있습니다. 법원이 이행명령을 내린 후에도 비양육자가 정당한 사유 없이

양육권

3기 이상 양육비를 지급하지 않으면, 과태료 및 감치 신청을 할 수 있습니다.

또한 양육비부담조서, 법원의 판결 등을 집행권원으로 하여 상대방의 부동산이나 예금 등에 강제집행을 신청하여 양육비를 확보할 수 있습니다. 재산명시·재산조회, 채권압류 및 추심 등 민사집행법상의 절차들이 있습니다. 양육비 채무자가 정기적으로 급여를 받는 근로자라면 가정법원에 양육비 직접명령 신청을 함으로써 양육비 채무자가 근무하고 있는 회사를 통해 양육비를 직접 지급받을 수도 있습니다(급여에서 양육비를 공제합니다). 그 외에 가정법원에 담보제공명령 및 일시금 지급명령 신청도 고려해볼 수 있습니다.

위 절차들은 모두 관할법원을 찾아 서류로 신청해야 하기 때문에 어려운 법률 용어에 익숙하지 않은 사람은 혼자 진행하기 어렵습니다. 그래서 정부는 소송 및 신청을 처리해주는 공공기관을 마련해두었는데요. 바로 양육비이행관리원(childsupport.or.kr)입니다. 변호사를 직접 선임하는 것보다 시간이 다소 걸리는 등의 번거로움이 있지만, 다수의 변호사가 재직하고 있어 소송이나 신청 등을 직접 대리해주니 양육비 지급에 문제를 겪을 경우 양육비이행관리원을 활용해보시기 바랍니다.

면접교섭권

합의하기

                비양육자가 자녀와 연락하고 만날 수 있는 권리를 면접교섭권이라고 합니다. 이는 비양육자뿐 아니라 자녀의 권리이기도 합니다. 면접교섭을 할 시간과 방법은 각 가정의 사정에 따라 비양육자와 양육자가 협의를 통해 정하시면 됩니다.

    간혹 양육권자들이 "비양육자에게 아이를 꼭 보여줘야 하나요?"라고 묻곤 합니다. 비양육자에게 폭행·폭언이나 현저한 비행 등 사유가 있을 경우 자녀의 복리를 위해 면접교섭권이 제한되거나 배제되는 예외는 있으나, 정당한 사유 없이 면접교섭권

양육권

을 제한할 수 없습니다. 예를 들면 비양육자가 아이에게 양육자에 대해 험담을 하는 정도로는 면접교섭권을 제한하기 어렵고, 도를 넘어 자녀를 학대하는 경우에는 면접교섭권을 제한, 배제할 수 있습니다.

보통 면접교섭권은 주말 중 하루씩 월 1회 혹은 2회, 비양육자가 양육자의 집으로 가서 자녀를 데리고 갔다가 함께 시간을 보낸 후, 정해진 시간에 맞추어 다시 자녀를 양육자의 집으로 데려다주는 방법으로 행사합니다. 물론 합의에 의해서 자녀를 만나는 시간과 간격 등을 조정할 수 있습니다. 명절에 비양육권자 집에서 1박, 혹은 방학 때마다 비양육권자 집에서 며칠 지낸다거나 하는 등의 합의를 추가하기도 합니다. 만일 내가 비양육권자라면 면접교섭권의 일시와 방법에 대하여 적어봅시다.

비양육권자의 면접교섭은 함께 살지 않더라도 부모가 언제나 나를 생각하고 사랑한다는 믿음을 자녀에게 심어줄 수 있는 값진 기회입니다. 특히 부모 자식 간 연결고리를 계속 이어줌으로써 자녀의 긍정적인 정서 발달에 좋은 영향을 끼칩니다. 따라서 비양육자는 부모로서 이 시간을 소중히 생각할 필요가 있으며, 양육자 역시 비양육자의 면접교섭권을 존중하고, 자녀의 복리를 위해 면접교섭에 적극 협조해야 합니다.

다음 페이지에 구체적으로 면접교섭권의 일시, 장소, 방법 등을 적어봅니다. 면접교섭권에 대한 합의가 이뤄졌다면 합의서 문구도 작성해봅니다. 아래 몇 개의 예시를 적어두니 각자 상황에 맞게 참고 바랍니다.

○○○ 비양육자, ◇◇◇ 양육자로 합니다.

예시 1

가. 일시: 매월 첫째, 셋째 토요일 10:00부터 일요일 18:00까지
나. 장소: ○○○의 주거지 또는 ○○○이 책임질 수 있는 장소
다. 방법: ○○○가 자녀의 주거지로 가서 자녀를 데리러 오고, 면접교섭을 마친 후 다시 자녀를 주거지를 데려다준다.

예시 2

○○○은 자녀가 성년에 이를 때까지 자유롭게 자녀를 면접교섭을 할 수 있고, ◇◇◇은 면접교섭이 원만하게 실시될 수 있도록 적극 협조하되, 자녀의 의사와 복리를 최대한 고려하여 실시한다.

예시 3

가. 일시
　　1) 매월 두 번째 금요일 18:00부터 일요일 17:00까지 (2박 3일간)

양육권

2) 여름방학 및 겨울방학 기간: 각 4박 5일간

3) 설 및 추석 연휴 기간: 서로 협의하여 각 1박 2일(구체적인 일정 서로 협의)

나. 방법

1) ○○○는 자녀들이 있는 장소로 가서 자녀들을 인도받아 ○○○가 책임질 수 있는 장소에서 자녀들을 면접교섭 하고, 그 후 자녀들을 ◇◇◇ 장소로 데려다준다.

2) ○○○는 자녀들과 전화, 이메일, 편지, 선물 등을 주고받을 수 있다.

3) 면접교섭의 구체적인 일정과 방법은 서로 협의하여 조정, 변경할 수 있다.

다. ○○○와 ◇◇◇가 면접교섭 일정 등을 변경하려면 늦어도 3일 전까지는 연락을 해야 하고, 서로 협의하여 위 면접교섭 일시, 장소, 방법 등을 변경할 수 있다.

- 예시를 참고하여 자신의 상황에 맞는 문구를 작성해보세요.

면접교섭 때
반드시 명심할 것

마지막으로 면접교섭에 관해서 꼭 당부드릴 것이 있습니다.

첫째, 면접교섭 약속은 충분히 구체적이고 실현 가능해야 합니다. 뭘 당연한 이야기를 하느냐 라고 하실지도 모르겠습니다. 하지만 의외로 면접교섭 약속을 꾸준히 지키기가 쉽지 않습니다. 물론 처음에는 아이와 더 이상 함께 살지 못한다는 상실감에 만사 제쳐두고 어떻게든 달려가려 노력하시는데요. 점점 시간이 흐를수록 흐지부지되는 경우가 많습니다. 비양육자 입장에서도 급작스런 이사와 힘든 이혼 과정에 심신이 지친 상태이고, 생업도 이어가야 하며, 병원이나 상담 등 주말에 자신을 돌볼 시간이 필요한 경우도 있겠지요. 아이 쪽도 요즘은 학원 일정이 바빠서 일정 변경이 쉽지 않은 경우가 많습니다. 이런저런 이유로 약속이 자꾸 무산됩니다.

이렇게 일정이 틀어지면 아이를 달래야 하는 양육자는 당연히 화가 나고, 비양육자는 마음이 없어서 안 만난 것이 아니라 사정상 못 만나는 것이라고 항변하다 보면, 그렇게 이혼하고서도 싸우는 부모를 보며 아이는 또 상처 입고 결국 악순환입니다. 비양육자를 두둔하려는 것이 아닙니다. 위 같은 상황에 대비하여 미리 구체적이고 실현 가능한 플랜을 짜야 한다고 말씀드리고 싶은 거예요. 마음만 앞서서 지키지도 못할 약속을 하면 안 됩니다.

둘째, 일정을 지켜주세요. 비양육자는 자녀와의 약속을 최우선으로 두고 그 일정을 성실히 지킴으로써 자녀에게 안정감을 주어야 합니다. 양육자는 비양육자에 대한 원망이나 미움으로 자녀와 상대방의 면접교섭을 방해해서는 안 됩니다. 두 분 모두, 자녀와의 약속은 반드시 지켜야 합니다. 가끔 '못 만나면 제일 서운한 건 나지'라고 생각하시는 분이 계신데, 면접교섭은 부모의 권리이기 이전에 자녀가 부모의 보살핌을 받을 권리라고 생각하셔야 합니다. 사유가 무엇이든, 결국 약속을 지키지 못하는 날이 많아지면 일방적으로 상처를 입는 쪽은 바로 내 아이입니다. 자신보다 중요한 것이 많아 약속을 어겼다고 오해하지 않도록 아이 마음을 지켜주시기 바랍니다.

셋째, 부득이 일정을 변경할 경우엔 반드시 미리 양해를 구하여야 합니다. 간혹 가족이라 그런지 자녀와의 면접교섭은 사전에 충분히 설명하고 양해를 구하지 않는 경우가 있는 것 같습니다. 바쁜 직장에 다녀서, 재혼한 상대가 아이 만나는 걸 싫어해서, 새로 이사 간 집이 멀어서 등의 핑계로 대충 미안하다 넘어가시면 안 됩니다. 기다리던 자녀의 마음을 헤아려 구체적으로 왜 일정 변경을 할 수밖에 없는지 설명해주세요. 자녀에게뿐만 아니라 양육자에게도 충분한 설명을 해야 합니다. 면접교섭은 양육자의 적극적인 협조가 없으면 사실상 불가능하기 때문입니다. 일정이 변경되어 직접 만나지 못할 때는 전화나 카카오톡으로 충분히 설명하는 것이 좋겠지요.

넷째, 무조건 아이와 시간 맞춰 만나기만 하면 되는 것이 아닙니다. 폭행이나 학대 같은 경우는 말할 필요도 없으니 차치하고, 자녀의 복리에 악영향을 미치는 모든 언행은 삼가야 합니다. 예를 들어 면접교섭 시 새로 사귄 애인을 데리고 나와서 "이제부터 이 사람이 네 아빠야. 아빠라고 불러봐"라든지, "엄마 요즘 집에 늦게 들어오니? 엄마가 남자친구가 생긴 것 같아? 자주 만나는 것 같아? 네가 보기에 어때?"라고 염탐을 시킨다거나 "친할머니랑 살면 더 좋겠지? 외할머니보다 더 좋지?" 같은 회유의 말을 건네는 것도 반드시 삼가야 합니다. 이렇게 글로 적어놓으니 설마 그런 사람이 어디 있겠어, 라고 생각하실지 모르겠지만 의외로 비일비재합니다.

모든 가정의 미성년 자녀는 보살핌과 사랑을 받을 권리가 있습니다. 이는 부모가 한 집에 같이 살아도, 헤어져 살아도 마찬가지입니다. 이 점을 꼭 기억해주세요.

재산분할

철저히 준비해야
내 몫을 온전히 지킬 수 있습니다

부부 공동재산부터
파악하기

"얼마까지 받아올 수 있을까?" vs "어디까지 분할해줘야 하나?"

둘 중 어느 쪽에 속하느냐에 따라 벌써 마음가짐이 확 달라집니다. 조금 더 구체적으로 가정해볼까요.

"혼인 기간 내내 맞벌이하고, 친정엄마 도움까지 받아서 가사와 육아를 전담했는데, 당연히 더 많이 받아야 하는 거 아냐?" vs "맞벌이했어도 회사에서 바람피워 가정을 파탄 낸 건 너잖아. 이 집도 내가 결혼할 때 해왔고, 아이도 내가 키우기로 했는데 줄 돈이 어디 있어!"

밀접한 경제 공동체였던 부부의 공동재산을 어떻게 나눠야 하느냐, 참 어려운 문제입니다. 위자료는 약 3천만 원으로 상한선이 어느 정도 정해져 있지만, 재산분할은 부부의 재산 규모에 따라 정해지므로 상한이 없습니다. 때문에 대부분 이혼 사건에서 다툼의 정점은 재산분할입니다. 재산분할은 누가 잘못했는지와도 무관하고, '공평한 청산'을 핵심으로 합니다. 그러므로 상대방에 대한 원망도 후회도 잠시 접어두고, 냉정한 사업가처럼 차가운 머리로 생각해봅시다.

가장 먼저 해야 할 일은 부부 공동재산이 어디에 얼마가 있는지 파악하는 것입니다. 이번 장에서는 재산분할의 시작점인 부부 순자산 계산하기를 함께해보려 합니다. 돈 문제가 나와 머리가 지끈하더라도, 차근차근 따라오시면 어렵지 않게 해내실 수 있을 거예요.

이번 편 생각거리에 부부의 전체 재산 목록과 가액을 적어볼 건데요. 먼저 부부가 보유 중인 금전적 가치가 있는 모든 것들을 하나하나 떠올립니다. 집(전세일 경우 전세금), 자동차, 예금, 적금, 퇴직금, 보험, 국내 및 해외 주식, 코인, 골프 회원권, 비싼 시계, 보석, 남에게 빌려준 돈 등등 일단 내 것, 네 것 할 것 없이 모두 적는 것이 중요합니다.

이번에는 갚아야 할 부채를 적어주세요. 주택담보대출, 전세자금대출, 보험담보대출, 사내 대출, 양가 부모님께서 빌려주신 돈, 차량 할부, 생활비 카드 리볼빙 금액, 생활비가 모자라 지인에게 급하게 빌리고 작성한 차용증 등 부부가 보유한 부채를 모두 넣어야 합니다. 여기서 주의하셔야 할 점은 소극재산을 채울 때, 가사와는 무관하게 임의로 일으킨 채무는 포함시켜선 안 됩니다. 몰래 진 도박 빚, 상의 없이 무리하게 구입한 주식이나 코인, 사치품을 구입하느라 늘어난 카드 빚 등은 분할 대상 재산에 포함시키지 않습니다.

이제 법원에서 사용하는 '분할대상재산명세표'를 참고하여 빈칸을 채울 건데요. 이 표는 변호사들에게는 매우 익숙한 표이므로 상담할 때 지참하면 훨씬 정확한 답변을 들을 수 있습니다. 뿐만 아니라 상대방과 함께 재산분할에 관하여 이야기할 때 구체적인 조건을 협상하는 데 큰 도움이 됩니다.

다음으로 가액을 적어줍니다. 가액을 파악하는 방법은 종류별로 다릅니다. 동산인지 부동산인지, 아파트인지 토지인지에 따라 가액을 파악하는 방법이 다르고, 예금과 주식, 보험 등도 각기 다르므로 아래 내용을 참고해주세요.

[분할대상재산명세표 예시]

소유자 등	순번	재산의 표시	재산의 가액 (단위:원)	증거	비고
원고					
	적극재산 1	서울 성북구 길음동 ○○아파트 ○동 ○호	200,000,000	을 제1호증	
	적극재산 2	○○은행 예금 (계좌번호: ○○-○○-○○)	75,000,000	갑 제2호증	2014. 1. 1. 기준
		소계	275,000,000		
	소극재산 1	서울 성북구 길음동 ○○아파트 ○동 ○호 임대차보증금반환채무	130,000,000	갑 제10호증	
		소계	130,000,000		
		원고의 순재산	145,000,000		
피고					
	적극재산 1	서울 강남구 역삼동 ○○아파트 ○동 ○호	320,000,000	갑 제7호증	
	적극재산 2	경기 여주군 ○○면 ○○리 275 전 ○○m²	15,000,000	시가감정 촉탁결과	
	적극재산 3	○○생명보험 예상해지 환급금 (증권번호: ○○-○○-○○)	2,000,000	을 제4호증	2014. 1. 1. 기준
		소계	337,000,000		
	소극재산 1	○○은행에 대한 대출금 채무 (계좌번호: ○○-○○-○○-○)	50,000,000	금융거래정보 제출명령회신	2014. 1. 1. 기준
		소계	50,000,000		
		피고의 순재산	287,000,000		
		원·피고의 순재산의 합계	432,000,000		

(출처: 서울가정법원 누리집 > 민원)

재산 목록	가액 파악 방법
아파트	kb부동산 사이트(http://www.kbstar.com)에서 시세 확인
토지	국토해양부 실거래가 자료(http://rt.molit.go.kr)에서 확인
그 외 부동산	① 감정서가 있을 경우 감정평가액 ② 감정서가 없을 경우 부동산 소재지 인근 공인중개소에 방문하여 시세 확인
전세금(전세보증 금반환채권)	임대차계약서상 보증금란 확인
예금	잔액 조회, 통장이 여러 개일 경우 은행명과 계좌번호 뒷자리 기재
주식	증권회사 앱에서 '총 평가금액' 참고

자동차	① 해당 차량 가액이 기재된 보험계약서 확인
	② 보험계약서 없을 경우 보험개발원 차량기준가액 자료
	  (http://www.kidi.or.kr) 참고
	③ 중고차 사이트에서 출고 년도와 운행 거리가 비슷한 차량을 찾아
	  시세 파악

보험	계약한 보험사에 오늘 자 예상 해약환급금을 알려달라고 요청 (총 납부 보험료가 아님에 주의)

재산분할

· 빈칸을 채워봅니다.

소유자		순번	재산의 표시	가액
나	재산	1		
		2		
		3		
			소계	
	채무	1		
		2		
		3		
			소계	
			나의 순 재산	
상대방	재산	1		
		2		
		3		
		4		
			소계	
	채무	1		
		2		
		3		
			소계	
			상대방 순 재산	
			부부 순 재산의 합계	

내가 모르는
배우자 재산 파악하기

요즘엔 서로의 자산과 소득을 정확히 모르는 부부들이 많은 것 같아요. 특히 소득이 비슷한 젊은 부부들 중 이런 경우가 많은데요. 이들은 연인일 때는 매월 일정 금액을 각출한 데이트 통장을 사용하고, 부부가 되어서는 생활비 통장을 만들어 사용하는 경우가 많다고 합니다. 혼인 후 생활비 통장에 공동생활에 필요한 금액을 매월 입금하고 그 외 자산이나 소득은 각자 보유하고 관리하는 것이지요. 남편은 돈을 벌고 아내가 관리해왔던 기존의 방법과는 조금 차이가 있죠? 일부 어른들은 "그렇게 남남처럼 돈 관리하면 목돈이 모이지 않는다"며 못마땅해하지만, 저는 부부의 돈 관리 방식은 어디

재산분할

까지나 부부가 자유로이 협의 후 제일 마음에 드는 방법을 선택하면 될 일이라 생각합니다.

그런데 이혼 사건을 수행하는 변호사로서는 조금 생각이 다릅니다. 앞서 말씀드렸듯이 재산분할은 부부의 재산을 '공평하게' 청산하는 작업입니다. 청산이 공평하게 이루어지려면 먼저 부부가 보유한 재산(적극재산)과 부채(소극재산), 그리고 정확한 소득 파악이 필수인데, 각자 자산을 따로 관리한 부부의 경우 서로 얼마를 버는지, 어디에 무엇을 가지고 있는지, 부채는 얼마나 일으켰는지 정확히 모를 수밖에 없습니다. 특히 이혼 이야기가 오가는 상황에서 스스로 나서서 자기 자산을 공개할 리 만무하고, 더 나아가 적극적으로 재산을 은닉하다 들키는 경우도 많습니다. 이러한 상황은 분명 공평한 청산의 방해물이자 신속한 분쟁 해결에 걸림돌이 됩니다.

따라서 이런 경우라면 되도록 재판상 이혼을 선택하실 것을 권합니다. 재판상 이혼을 하시면 소송 과정 중 사실조회나 금융거래정보제출명령 등을 통해 재판부가 허락하는 한 다양하게 상대방의 재산을 파악할 수 있습니다.

재산 종류	조회처
부동산	법원 행정처
담보대출	등기부등본을 발급해 을구 란을 살펴본 후 근저당권을 설정한 금융기관
예금	상대방의 급여 통장이나 주거래 은행, 본가나 회사 근처 등 거래가 있을 것으로 예상되는 곳
주식	상대방이 거래하던 증권사 및 한국예탁결제원
퇴직금	상대방이 재직하는 회사

이 외에 재산 종류와 조회처는 더 다양할 수 있습니다. 이렇게 법원에 상대방 재산을 조회해달라고 신청하면 상대방이 본인 명의로 몰래 보유하고 있던 재산까지 알아낼 수 있습니다.

소송을 하지 않고 협의이혼을 택하실 경우에는 법원의 도움을 받을 수 없으므로, 스스로 등기부등본, 우편물이나 이메일, 문자메시지 등을 통하여 미리 상대의 재산 현황을 파악해둘 필요가 있습니다.

이렇게 부동산, 예금, 주식, 연금, 보험, 월급 등을 통하여 상대방이 보유한 재산을 최대한 파악했다고 판단될 때 협의이혼을 진행하시기를 권합니다. 동시에 재산분할합의서도 면밀히 작성하시기 바랍니다. 협의이혼 시 법원은 자녀 양육에 관한 사항 즉 친권과 양육권을 누구로 지정하기로 했는지, 양육비는 얼마로 정했는지, 면접교섭 일정은 어떻게 정했는지만을 확인할 뿐 재산을 어떻게 분할하기로 했는지는 일체 관여하지 않습니다.

따라서 부부가 스스로 재산분할합의서를 작성할 줄 알아야 합니다. 분할 대상 재산을 빠짐없이 모두 고려해야 추후 재산분할 청구 소송을 진행하는 불편을 피할 수 있어요.

· 내가 '새로 파악하게 된' 상대방의 재산이 있다면 적어봅시다

부동산 -

은행 -

보험 -

주식 -

코인 -

콘도 및 골프 회원권 -

배우자가
재산을 빼돌렸을 때

　　　　　　　　　　　　　이혼을 거론할 만큼 갈등
의 골이 깊어진 부부는 상대방에게 원망과 분노를 느끼는 경우
가 많습니다. 그러다 보니 본인 수중에 있는 돈을 상대에게 보복
하듯 소비해버리는 경우가 종종 있습니다. 이에 대비하여 앞서
소개해드린 분할 대상 재산목록을 작성해서 부부의 재산 상황을
가능한 정확하게 파악해두세요. 함께 힘들게 벌어 모아놓은 돈
을 상대방이 함부로 숨기거나 빼돌리지 못하게 통장과 공인인증
서를 잘 챙기고, 평소 공유하던 나의 개인 통장 비밀번호를 변경
하고, 상대방이 사용하는 내 명의 카드가 있다면 이 역시 한도를
제한해두시는 것이 좋습니다.

또한 상대방에게 재산분할을 해주지 않으려고 거짓말을 하는 경우도 있습니다. 예를 들어 전세 계약 만기 즈음 전세를 연장했다고 거짓말하여 안심시킨 후 만기일에 집주인으로부터 몰래 전세금을 반환받아 은닉하거나, 한마디 상의 없이 부부의 유일한 재산인 아파트를 팔아버리는 것이죠. 부동산을 담보로 허위의 채무를 부담한 것처럼 속이고 부채를 일으키는 경우도 있고요.

제가 상담했던 한 남성분은 오래 전부터 아내와 사이가 좋지 않았습니다. 아이가 성년이 될 때까지만 혼인을 유지하다가 이혼하기로 합의했고요. 그러던 중 이분의 회사가 지방으로 이전했는데, 고등학생인 아이를 전학시킬 수 없어서 아내와 아이를 두고 혼자 거취를 옮겨야 했습니다. 주말부부로 지내면서도 어차피 얼굴 봐봤자 다투기만 하니까 휴일에도 잘 올라가지 않았다고 합니다. 아이가 대학에 입학하고 예정대로 이혼 이야기를 나누던 중, 아내가 아파트를 이미 팔아버린 사실을 알게 되었습니다. 아무런 말도 없이 처분해버린 그 집은 이 부부의 전 재산이었습니다. 아내에게 매매대금의 절반이라도 달라고 했더니 돈 없다고 발뺌을 해서 저를 찾아온 것이었죠.

만약 나의 배우자가 위 같은 행위를 할 위험이 다분하다 예상되면, 이혼 이야기를 꺼내기 전에 지체 없이 해당 부동산에 가압류나 가처분을 신청해놓아야 합니다. 즉 상대가 재산을 숨기거나 소비해버릴 경우를 대비할 필요가 있다는 뜻입니다.

그렇다면 가압류나 가처분을 신청하기 전에 이미 상대방이 부동산 명의를 자기 가족한테 넘겼거나, 가정일에 썼다고는 도저히 설명되지 않는 과다한 채무를 진 경우에는 해결 방법이 없는 것일까요? 물론 상대방이 재산을 고의로 빼돌렸으니 이혼 소송에서 재산분할을 할 때 이를 고려해달라고 하거나, 넘어간 재산을 다시 원상회복을 해달라고 해볼 수 있습니다. 하지만 이러한 채권자 취소권을 행사하려면 매우 엄격한 요건이 필요해서 전문가의 면밀한 법적 검토가 필요합니다. 즉 이미 넘어가버린 재산을 되찾아오기 위해 '나홀로 소송'을 하는 건 무척 쉽지 않은 일이에요.

결국 사전에 철저하게 대비하는 것이 중요합니다. 가압류나 가처분과 같은 보전처분은 이혼 소송 전에도 할 수 있어요. 실질적으로 매우 중요한 사항이고, 신속성과 밀행성이 요구되므로 반드시 법률 전문가와 상담하셔야 합니다.

생각거리

✓체크리스트 아래 해당하는 항목이 있는지 체크해봅니다. 체크된 항목이 여러 건이라면 전문가의 조언을 구해주세요. 재산분할 협의 시 주의가 필요합니다.

- ☐ 나는 상대방 재산이 어디에 얼마나 있는지 잘 모른다.
- ☐ 나는 상대방의 월 소득을 정확히 알지 못한다.
- ☐ 상대방은 나에게 분할해주기 싫어 재산을 숨기고도 남을 사람이다.
- ☐ 부부 전 재산인 부동산이 상대방 명의로 되어 있다.
- ☐ 집을 내놓지 않았는데 부동산에서 자꾸 연락이 온다.
- ☐ 상대방은 평소 돈에 대한 집착이 남달리 강하다.
- ☐ 알 수 없는 독촉장이나 통지서가 날라 오는 일이 자주 있다.
- ☐ 상대방이 평소 위험자산에 과감하게 투자하는 편이다.

• 재산을 지키기 위해 먼저 취해야 할 조치를 적어봅시다.

(예시) OOO시 OOOO구 OO아파트 OO동 OO호 가압류·가처분 알아보기

　　　집주인에게 전세금 반환 시 반드시 부부 모두에게 연락해달라

　　　요청하기

재산분할
전략 세우기

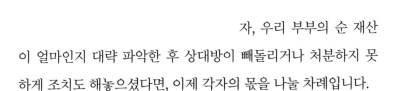

자, 우리 부부의 순 재산이 얼마인지 대략 파악한 후 상대방이 빼돌리거나 처분하지 못하게 조치도 해놓으셨다면, 이제 각자의 몫을 나눌 차례입니다.

분할 대상 재산은 기여도에 따라 나눕니다. 기여도란 '부부가 공동의 노력으로 형성하고 유지한 재산에 관하여 기여한 정도'를 말합니다. 쉽게 말해 이만큼 재산을 모으는 데 누구의 공이 더 큰지 가려 그 비율만큼 재산을 나누겠다는 것인데요. 자신의 기여가 더 많이 인정될수록 분할 받을 금액도 커지다 보니 서로 조금이라도 더 많은 기여를 인정받기 위해 첨예한 다툼이 시작됩니다.

　부부가 의견 차를 좁히지 못하고 재산분할 합의에 이르지 못하면 결국 소송을 해야 합니다. 법원은 양 당사자의 주장을 듣고 기여도를 정해줍니다. 법원은 통상적으로 ① 공동재산 형성 및 유지에 대한 기여도 ② 공동재산의 액수 ③ 혼인 기간 ④ 자녀 양육 관계 ⑤ 혼인 파탄의 원인 ⑥ 유책 행위의 유무 및 정도 및 부부 쌍방의 일체의 사정을 고려하여 재산분할 비율을 산정합니다. 이렇게 설명하니 뭐가 어떻게 고려된다는 것인지 어렵게 느껴지시지요. 기여도에 대한 이해를 돕기 위해 가장 기본적인 케이스를 먼저 살펴보겠습니다.

　양가 부모님 도움 없이 결혼한 부부가 있다고 가정할게요. 부부 모두 평균 소득을 얻고 있는 평범한 회사원이고 슬하에 아이 둘을 두고 있습니다. 이 부부가 10년 이상 결혼 생활을 유지한 경우 일단 각각 50%를 기준으로 잡습니다. 외벌이든 맞벌이든 마찬가지입니다.

　여기에 아래와 같은 사항들이 종합적으로 고려되어 5:5, 6:4, 3:7 등 비율이 정해집니다.

- 육아와 가사를 전담하여 남편의 경제활동을 내조한 경우
- 남편 외벌이지만 아내가 재테크를 적극적으로 함으로써 남편 월급보다 재산 형성에 더 크게 기여한 경우
- 맞벌이를 했지만 가사는 물론 육아까지도 오로지 아내와 장모님만 전담한 경우
- 맞벌이라도 남편이 아내의 소득보다 훨씬 큰 경우
- 일방이 특유재산을 아주 많이 들고 혼인을 한 경우
- 상대방의 동의 없는 투자를 했다가 크게 실패하여 가정경제에 큰 타격을 입힌 경우

말만 들어도 수학 공식처럼 딱 떨어지지 않아 치열한 공방이 오고 가리라는 것이 쉽게 예상되시죠? 자, 이제 나의 기여도를 인정받을 수 있는 전략을 적어봅니다.

생각거리

[✓체크리스트] 아래 해당하는 항목이 있는지 체크해보고, 이외에 나의 기여도가 있다면 세세하게 적어보세요.

☐ 맞벌이지만 내 소득이 상대방 소득보다 훨씬 큰 경우

[준비물] 급여명세서, 사업자 소득을 증빙할 수 있는 세금 관련 서류

☐ 자산 증식의 주원인이 나의 주도적 재테크 덕분일 경우

[준비물] 그 경위를 알 수 있는 증빙 자료, 주고받은 카톡이나 메일, 진술서 등

☐ 전업주부지만 SNS를 통한 통신판매(부업) 소득이 오히려 상대방 월급보다 큰 경우

[준비물] 사업자 소득을 증빙할 수 있는 서류, SNS 캡처, 매출 관련 증빙

☐ 가사와 육아를 전담한 성실한 내조로 부부의 공동 재산을 형성하고 유지한 경우

[준비물] 혼인 기간 동안 꼼꼼히 작성한 가계부 혹은 외가 혹은 친가에서 보조양육자가 양육을 도운 사실 등에 관한 주변인의 구체적인 진술서

☐

[준비물]

☐

[준비물]

특유재산
구분하기

　　　　　　　　　　　　　　결혼 전부터 부부가 각자 소유하고 있던 재산 또는 결혼 후에 취득한 것이라도 부부 일방이 부모 등으로부터 상속받거나 증여받은 재산을 특유재산이라고 합니다. 특유재산은 부부가 협력하여 형성한 재산이 아니니 이혼 시 분할 대상 재산에 포함되지 않는 것이 원칙입니다. 그러나 혼인 기간이 일정 기간 이상이고 특유재산의 유지나 가치 증가에 대한 기여가 인정될 경우 특유재산도 분할 대상 재산에 포함시킬 수 있습니다.

　　혼인 생활을 30년 넘게 유지해온 아내 이야기를 해보겠습니다. 시부모님이 사주신 집에서 신혼 생활을 시작하였는데요. 아내가 재산분할을 해달라고 하자 남편이 "살 집을 마련해준 사람도 나고 생활비를 벌어다준 사람도 나인데, 돈 한 푼 보태지 않은 네가 무슨 권리가 있느냐"라고 호통을 쳤다고 하네요. 이에 아내가 저에게 찾아와 "변호사님, 비록 제가 나가서 돈을 벌어온 적은 없지만 남자가 부엌에 가면 큰일 나는 줄 아는 사람과 사느라 육아와 집안일은 혼자 다 했습니다. 드디어 얼마 전 막내 딸 시집까지 잘 보냈네요. 저는 이날만 기다렸습니다. 집값도 많이 올랐을 거예요. 저도 나눠 받을 자격이 되겠죠?"하며 저를 간절히 바라보셨어요.

이 경우, 아내가 오랜 기간 남편을 내조하고 가사를 전담하였기에 남편 명의의 아파트를 유지할 수 있었을 거예요. 법원도 위 사례와 같이 상당 기간 혼인 생활을 성실히 유지하였을 경우 상대방의 특유재산도 분할 대상으로 봅니다.

그럼 혼인 기간이 1~3년 정도로 짧은 경우에는 어떨까요? 이 경우엔 특유재산을 재산분할 대상에서 아예 제외시키거나 극히 일부만 인정합니다. 하지만 다른 일방이 적극적으로 특유재산의 증식에 협력하거나 가치의 감소를 방지하는 등 재산의 보존·유지·증가를 위해 기여한 바가 있다면 분할 대상 재산에 포함될 수 있어요. 말이 좀 어렵지요. 사례를 들어보겠습니다.

늦은 나이에 선보고 결혼한 부부가 있었어요. 짧은 연애 후 결혼했던 터라 신혼 초부터 사사건건 의견 충돌을 겪다 결국 결혼 3년 만에 이혼하게 되었는데요. 재산분할 문제로 다투고 저를 찾아왔었습니다. 이 부부는 유학을 마치고 결혼을 한 터라 양가 부모님으로부터 지원을 많이 받았습니다. 아내 쪽 부모님은 부촌의 아파트를 신혼집으로 마련해줬고, 남편 쪽 부모님은 고급 인테리어를 해주셨다고 합니다. 재산분할로 아내가 인테리어 비용을 도로 돌려주겠다고 했는데, 남편은 거기에 수억 원을 더 추가로 달라고 요구했습니다. 3년 전 아내 쪽 부모님이 사주신 아파트도 나눠야 한다면서요.

이 경우엔 어떻게 해야 할까요? 상황을 다시 정리하자면, 아내는 아파트를 가져왔고 남편은 그 아파트를 최고급으로 리모델링 하고 살림살이를 채웠네요. 혼인 기간이 짧은 상황이니 아내 명의의 아파트는 특유재산으로서 재산분할 대상에 포함되지 않는 것이 일반적입니다.

그런데 위 사례에서 법원이 실제로 내린 판결은 달랐습니다. 아내 명의 아파트를 분할 대상에 넣고 이 중 일부(10~15%)를 분할하라는 판결을 내린 겁니다. 남편이 해온 최고급 인테리어 비용이 일반적인 수준을 넘어서는 규모여서 신혼집 아파트의 가치 증대에 일정 부분 기여했다고 인정되었기 때문입니다. 이처럼 구체적인 상황에 따라 판결 결과가 달라집니다. 수학 정답처럼 딱 떨어지지 않습니다. 따라서 내가 놓치고 있는 점은 없는지, 잘못 알고 있는 건 없는지 꼼꼼히 챙겨야 합니다.

특유재산의 개념에 대해 이해하셨다면 이제 나와 상대방의 특유재산을 적어봅시다. 결혼 전부터 부부 일방의 재산이었던 것이나 부모님으로부터 상속, 증여받은 것 등이 있는지 생각해 보세요. 결혼 당시의 가액과 현재의 가액도 적어봅니다.

생각거리

• 우리 부모님이 주신 것이니까, 원래 내 것이었으니까 무조건 분할해주지 않아도 된다고 단정했다가는 정작 재산분할에서 크게 낭패 볼 수 있습니다. 결혼 전 보유했던 자산이나, 증여·상속받은 재산이 있다면 적어주세요.

혼인 기간 : (   )년

[나의 특유재산]

재산의 종류 :

결혼 당시 가액 :

현재의 가액 :

취득 경위 : □ 미혼일 때 구입   □ 상속   □ 증여   □ 기타

취득일 :

[상대방의 특유재산]

재산의 종류 :

결혼 당시 가액 :

현재의 가액 :

취득 경위 : □ 미혼일 때 구입   □ 상속   □ 증여   □ 기타

취득일 :

빌려준 돈,
보태준 돈 구분하기

늦은 취업, 높은 집값 등의 이유로 요즘 2, 30대 신혼부부들은 자력으로 결혼 자금을 마련하기 더욱 힘들어졌습니다. 특히 부모님의 도움 없이는 신혼집을 구하기가 어려운 것이 현실인데요. 이번에는 자식들이 결혼할 때, 당신들의 노후 자금을 뚝 떼어 목돈을 보탠 부모님의 경우를 살펴보려 합니다.

7년 차 부부의 이야기를 들려드릴게요. 이 부부는 대학교 CC로 처음 만났어요. 대학 졸업 후에는 공무원 시험 준비를 오랫동안 함께했고, 다행히 둘 다 합격해서 바로 결혼했어요. 공부를 오랜 기간 해온 터라 당연히 수중에 모아놓은 돈도 없고, 월급도 많지 않으니 시부모님이 집값의 대부분을 보태주셨다고 합니다. 그렇게 살다가 최근 이혼하겠다고 말씀드리니 시가에서 "너희들이 가정을 꾸린다기에 보태줬던 돈이니, 갈라설 거면 돈을 돌려달라"라고 하셨답니다. 남편은 당연히 부모님 뜻을 따라야 한다 생각하는데, 아내는 이제 집은 부부 재산이니 집값의 절반은 자신이 받아야 한다고 생각해서 저를 찾아왔었습니다.

여러분은 어떻게 생각하시나요. 결론부터 말씀드리면 법원은 며느리의 손을 들어줄 가능성이 큽니다. 신혼집도 부부 공동 재산으로 보아 분할 대상이 되는 것이지요. 왜 그럴까요? 부모님 말씀에 단서가 있습니다. "너희들이 가정을 꾸린다기에 보태줬던 돈이다." 즉 부모님은 자식에게 '빌려준' 것이 아니라 '보태준' 것이라고 법원은 판단하기 때문입니다.

제가 수행했던 수많은 이혼 소송에서도 거의 모든 부모님들이 빌려준 돈이라고 주장했지만 대여금으로 인정된 경우는 거의 없었습니다. 대부분 증여로 판단합니다. 물론 증여로 보아도 재산분할 시 기여도를 주장할 수는 있으나, 전부 돌려받지는 못할 가능성이 큽니다.

그런데 만약 부모님이 정말로 빌려주신 경우라면 어떻게 해야 대여금으로 인정받을 수 있을까요? 바로 '남에게 돈을 빌려줄 때'와 같이 실질과 형식을 갖춰야 합니다. 즉 차용증을 작성하고 이자를 정해서 매달 원리금을 변제한 사실을 모두 은행 입출금 기록으로 남겨두는 것입니다. 가족끼리 누가 차용증을 쓰냐며 안일하게 생각한다면 모두 증여로 인정될 수 있습니다. 따라서 차용증을 내용증명으로 남겨두면 대여금임을 증빙하는 데 도움이 될 거예요. 물론 진짜로 원리금을 다달이 변제하는 것도 잊지 마시고, 경우에 따라 이자소득 원천징수가 필요할 수 있으니 세법도 공부해야 합니다.

합의 내용만큼 중요한
강제집행

앞서 설명드린 바와 같
이, 협의이혼 시에는 자녀의 양육에 관한 사항만 법원이 확인할
뿐 위자료와 재산분할은 관여하지 않습니다. 따라서 부부가 따
로 유책 배우자가 지급할 위자료 금액과 재산분할은 누가 얼마
를 지급할지 협의하여 문서화 해둬야 합니다.

만약 우여곡절 끝에 합의서를 작성했지만 이혼 후 상대방이
약속을 어기면 어떻게 해야 할까요. 공정증서로 공증을 해두지
않았다면 바로 강제집행을 할 수 없어서 다시 소송을 해야 합니
다. 겨우 합의가 이루어져 마무리를 지었는데 또 다시 힘겨운 싸

움을 시작해야 하는 셈이죠. 이런 경우가 생기지 않도록 합의서 내용을 ① 공정증서로 공증을 받거나 ② 조정 신청을 통해 조정조서로 받아두세요.

공증을 할 때 주의할 점은 사서인증과 공정증서를 구분하는 것입니다. 사서증서의 인증은 계약서, 각서, 사실확인서, 진술서와 같이 당사자가 작성한 문서를 인증받는 것으로, 나중에 본인이 날인한 문서가 아니라고 부인하는 상황 등에 대비하기 위해 받아두는 경우가 많습니다. 사서증서 인증은 강제집행 효력이 없기에 상대가 의무를 불이행하면 따로 소송을 제기해야 하는 번거로움이 있습니다.

반면에 공정증서는 공증인이 당사자의 법률행위 및 사실관계를 직접 청취하여 작성합니다. 금전을 지급하는 내용이 있다면 강제집행을 수락하는 문구를 넣어 상대방이 약속을 어길 시, 따로 소송을 제기할 필요 없이 바로 강제집행 절차에 들어갈 수 있습니다.

즉 사서증서를 인증한 것과 공정증서는 공증인가 법무법인이나 공증사무실에서 한다는 점이 같을 뿐, 그 효력은 천지차이예요.

재산분할

정리하자면, 이혼합의서를 작성하였다고 하더라도 상대방이 이행을 하지 않을 경우 무용지물이 될 수 있으니, 이러한 위험을 미연에 방지하고자 합의 내용을 공정증서로 작성하여 공증을 받거나 법원에 조정이혼을 신청하여 판결문과 같은 효력인 조정조서를 받아둘 것을 권합니다. (조정 신청을 위한 합의서 작성은 뒤에 〈실전〉 편에서 다루겠습니다.)

반드시 챙겨야 하는
세금 문제

　　　　　　　　　　재산분할 시 반드시 챙겨
야 하는 것이 있습니다. 바로 세금입니다. 당장 눈앞의 분할 금액
의 크고 작음에만 몰두해서 세금을 간과하고 분할을 완료했다가
낭패 본 분들이 많습니다. 세법을 정확히 알고 미리 대략의 과세
금액이라도 계산해보신 후 진행하셔야 해요. 아는 게 힘! 유비무
환! 세금은 아무리 강조해도 지나침이 없습니다.

　부동산의 취득 경위가 위자료일 경우와 재산분할일 경우를
나눠 생각해보겠습니다. 앞서 말씀드렸듯 재산분할은 '함께 형
성한 재산 중 내 몫의 재산을 가져오는 것'입니다. 부부였기에 형

식적인 명의에 구애받지 않았을 뿐, 원래 내 것을 받는 것이죠. 남의 것을 무상으로 받았거나 구매한 개념이 아니므로, 양도나 증여에 해당하지 않습니다. 따라서 아래 판례와 같이 양도세와 증여세가 발생하지 않아요.

> 이혼할 때 재산분할은 혼인 중 형성한 부부 공동재산을 각자가 나누어 갖는 것으로서 재산분할로 부동산의 소유권을 이전하는 경우에는 부부 각자 소유 명의로 되어 있던 각 부동산을 서로 이전해주었더라도 유상양도에 해당하지 않는다. 또한 재산분할이 이루어짐으로써 분여자의 재산분할 의무가 소멸하는 경제적 이익이 발생한다고 해도 이는 양도와 대가적 관계에 있는 자산이라 할 수 없어 양도소득세 과세 대상이 되지 않는다. (대법원 1998.2.13. 선고 96누14401 판결)

단 세금을 줄이려고 위장 이혼을 하는 경우나 증여 규모가 너무 과대한 경우 등 이혼을 조세 회피 수단을 활용하면 사실상 증여라고 판단하여 과세될 수 있습니다.

> 재산분할은 원칙적으로 과세 대상이 될 수 없고 다만 그 분할이 민법 제389조의 2 제2항 규정 취지에 반하여 상당하다고 할 수 없을 정도로 과대하고 상속세나 증여세 등 조세를 회피하기 위한 수단에 불과하여 그 실질이 증여라고 평가될 수 있는 경우에 해당한다면, 그 상당 부분을 초과한 부분에 한하여 증여세 과세 대상이 될 수 있을 뿐이다. (대법원 2017.9.12. 선고 2016두58907 판결)

그리고 취득 시 내야 하는 세금은 별개입니다. 지방세법상 취득세와 지방교육세, 농어촌특별세는 납부해야 한다는 뜻이죠.

한편 부동산의 취득 경위가 위자료일 때는 다릅니다. 위자료를 원인으로 소유권이전등기를 경료할 경우, 이는 양도로 보고 있습니다. 위자료는 일반적으로 상대방에게 발생한 정신적 손해를 배상해주는 것인데, 애초에 금전으로 지급할 것을 부동산으로 대신하여 넘겨준 것이니 유상양도와 실질이 같다고 판단합니다. 따라서 취득세는 물론 주는 사람에게 양도소득세가 부과됩니다.

이렇게 재산분할을 원인으로 소유권을 이전하느냐, 위자료로 이전하느냐에 따라 부과되는 세금이 달라지므로, 재산분할 협의를 마치기 전 반드시 절세 전략도 세워야 합니다. 세금 문제는 혼자 생각하고 해결하기 어렵습니다. 그러니 세금만큼은 관할 관청과 전문가를 찾아 면밀히 계산해보시기를 강력히 권합니다!

지름길은 하나,
협상과 대화의 자세

재산분할을 최대한 많이 받을 수 있는 좋은 방법은 더 없을까요? 변호사와 상담하고 판례를 숙지하는 것보다 더 중요한 것이 있습니다. 바로, 재산을 나눌 상대방과 공평하고 원만한 합의를 하는 것입니다. 이혼 과정 전반에서 역설적이게도 가장 중요한 것은 상대방과의 협상과 대화입니다.

그럼 어떻게 하면 협상을 잘할 수 있을까요? 첫째는 상대방이 원하는 것을 주고, 내가 원하는 것을 취하는 방법입니다. 예를 들어 상대방이 부부가 현재 거주하고 있는 집에 대하여 유난히

애착을 가지고 있는 상황인데 실질적으로 근저당이 많이 설정되어 있어 실제 가치가 그리 크지 않은 경우라면, 대출까지 포함하여 부동산을 넘겨줄 테니 나머지 모든 재산을 나에게 귀속시키는 것으로 재산분할을 시도해볼 수 있습니다.

또는 어린 자녀를 양육하는 대신 일정 금액 이상을 재산분할로 더 요구해볼 수 있습니다. 물론 재산분할과 양육비의 법리는 서로 다릅니다. 그러나 법원에서 재산분할 시 '자녀 부양'에 대하여 고려해주는 경우도 있거든요. 앞으로 십수 년간 어린 자녀에게 소요될 양육비 전체를 고려하려 정기금이 아닌, 일시금으로 합의하는 방법도 생각해볼 수 있고요.

둘째는, 객관적인 자료를 토대로 협상을 시도해보는 것입니다. 재산분할 협의 시 필요한 자료를 어떻게 준비하는지 앞서 자세히 설명해드렸습니다. 이렇게 준비한 객관적 자료를 가지고 소송 전에 상대방과 먼저 이야기해볼 수 있습니다. 혹은 변호사 사무실을 찾아가서 재산분할에 대한 상담을 받아보고, 부부 쌍방의 사례와 비슷한 판례(혼인 기간, 귀책사유, 양육 상황) 등을 제시하며 "소송하면 대충 이 정도 비율로 재산분할이 된대. 이건 그때 필요한 객관적인 자료고. 굳이 소송할 필요 없이 이 정도 선에서 합의하는 게 어때?"라며 합의를 유도해볼 수 있습니다.

이혼을 하면서도 상대방과 대화나 협상을 해야 한다니 생각만 해도 끔찍할 수 있습니다. 그러나 협의이혼이 소송보다 훨씬 짧은 시간에 마무리될 수 있다는 점, 끊임없이 서로를 비난하는 서면이 오고 가는 진흙탕 싸움의 고통을 줄일 수 있다는 점 등 여러 면에서 협의이혼이 소송보다 상처를 덜 입을 수 있습니다. 변호사 비용 등 시간과 비용을 훨씬 아낄 수 있다는 것도 감안하면, 가능하면 소송 전에 서로 타협할 수 있는 선을 찾는 것이 여러모로 좋은 방법이겠지요. 이를 위해서는 협상의 방법도 잘 생각해두셔야 하겠습니다.

실전

이혼합의서 직접 작성하기

이제 나만의 이혼합의서를
작성해봅시다

이혼합의서[1]

갑 : 박 남 길 (123456-1234567)

주소 : 서울시 관악구 이천동 23길 11, 3층

을 : 이 여 정 (123456-1234567)

주소 : 경기도 수원시 인천대로 51길, 10층

갑과 을은 다음과 같이 합의한다.

- 다 음 -

1. 갑과 을은 가정법원에서 이혼조정절차에 의하여 이혼한
   다. [2]

2. 갑은 을에게 위자료로 금 50,000,000원을 2022.09.01.

---

1   제목은 어떤 명칭이어도 무관합니다.

2   현재 원활한 합의가 이루어지고 있다고 하더라도 구두 합의로 끝내서는 안 됩니다. 상
대방이 이혼 후 언제든지 태도를 바꾸어 의무를 이행하지 않을 수 있으므로 반드시 이렇게
문서 형태로 남겨두시고, 공정증서로 공증을 받거나 법원에 조정 신청을 하시기 바랍니다.
본 샘플은 법원에 조정 신청 시 함께 제출할 합의서입니다.

이혼합의서 직접 작성하기

을의 계좌(한신은행 123-4567-890)에 지급하기로 한다. 만일 위 일자에 지급하지 아니할 경우 모두 지급되는 날까지 연 12%이자를 가산하여 지급한다.

3. 재산분할은 아래와 같이 정한다.

가. 갑은 을에게 관악구 이천동 ○○아파트 ○○동 ○○호에 관하여 이 사건[3] 조정 일자 재산분할을 원인으로 한 소유권 이전 등기절차를 이행한다.[4]

나. 갑 명의로 되어 있는 경기도 수원시 인천대로 51길, 10층 전세보증금채권 2억 원은 갑에게 귀속되었음을 확인한다.

다. 현재 갑의 명의로 된 소나타(29나3525, 2020년식)은 갑의 소유로 한다.

라. 위 사항을 제외하고 이 합의일 현재 갑과 을 각자의 명의로 되어 있는 재산은 각자에게 확정적으로 귀속한다.[5]

---

3 재산분할을 원인으로 소유권이전등기를 하려면 당연히 이혼이 성립된 후여야 합니다. 협의이혼 시에도 이전등기 시 이혼 신고가 기재된 혼인관계증명서가 필요합니다.

4 재산분할로 부동산을 넘겨받는 경우의 기본형 예시입니다. 부동산 명의를 이전하는 방법은 복잡합니다. 문구 하나에 내야 할 세금이 바뀌기 때문에 동시이행으로 정산해줘야 할 금액이 있다거나 근저당 채무가 있다면 세심한 주의가 필요합니다. 수억 원이 오가는 일이니만큼 꼭 전문가와 상의 후 작성하세요.

5 부부가 보유한 재산이 많지 않아 주고받을 것이 없다는 이유로 재산분할 조항을 제외하는 경우가 있는데, 향후 분쟁 방지를 위해 이러한 내용으로 작성해두세요. 상대방에게 연금 및 퇴직금 등이 있다면 함께 기재합니다.

4. 자의 양육에 관한 사항을 아래와 같이 정한다.[6]

가. 갑과 을 사이의 자녀 박하늘(18548241-4354863) 의 친권자[7] 및 양육자로 갑을 지정한다.

나. 을은 갑에게 박하늘에 대한 양육비로, 자녀가 성년에 이르기 전날까지 매월 말일에 금 1,000,000원씩을 갑 명의의 신한은행 계좌(번호:123-4567-888)로 이체하는 방법으로 지급한다.

다. 을은 자녀 박하늘이 대학에 입학할 경우 대학등록금[8]의 절반을 부담하기로 하되, 박하늘이 성년이 되는 해부터 4년 간 매년 2월 말일과 8월 말일에 2,000,000원씩 총 16,000,000원을, 갑에게 지급하는 방법으로 부담한다.

6　임신 중이거나 양육할 자녀가 있는 경우에는 양육권, 친권, 면접교섭권에 관한 내용을 구체적으로 적는 것이 좋아요.

7　친권은 자녀의 신분과 재산에 관한 사항을 결정할 권리입니다. 친권은 양육권과 함께 지정되어야 자녀의 유학 문제, 해외여행, 계좌 개설 등 문제에서 불편을 겪지 않을 수 있어요.

8　이혼 소송으로 판결을 받는다면 대학등록금은 포함되지 않겠지만 조정을 할 경우, 합의를 거쳐 포함시킬 수 있습니다.

5. 면접교섭에 관하여 아래와 같이 정한다.[9]

가. 을은 박하늘을 매월 둘째, 넷째 주 토요일 오전 10시부터 그다음 날 오후 5시까지 면접교섭 할 수 있고, 여름 및 겨울방학 동안 각 7일을 함께 지낼 수 있다.

나. 면접교섭 방식은 을이 박하늘의 양육지로 가서 인수하고 면접교섭 한 후 다시 교섭 종료 시 데려다주는 방식으로 하고, 갑은 을의 면접교섭에 협조하여야 한다.

6. 이 합의안에서 정한 사항 외에 갑과 을은 향후 상대방에게 위자료, 재산분할, 양육권, 양육비 등 일체의 권리 행사나 이의 제기를 하지 아니한다.

2022.09.01.

갑 박남길 (인)   을 이여정 (인)

---

9 자녀에게 유학이나 치료가 필요한 경우와 같이 가정마다 사정이 다를 수 있으므로 면접교섭 조항은 자녀를 최우선으로 하여 자유롭게 기재하시되, 구체적일수록 분쟁을 줄일 수 있습니다.

※주의※

- 조정조서가 아니거나, 공정증서로 공증을 받지 않은 합의서만으로는 상대방이 의무를 불이행할 경우 강제집행을 할 수 없습니다.
- 협의이혼 하기로 하고 재산분할약정서를 작성했으나 조정이혼이나 소송이혼을 했다면, 재산분할약정은 무효가 됩니다.

이혼 관련 서식

[협의이혼 관련 서식]
협의이혼의사확인신청서(미성년 자녀가 있는 경우)
자의 양육과 친권자결정에 관한 협의서
이혼숙려기간 면제(단축)사유서
양육비부담조서

[재판상 이혼 관련 서식]
이혼소장(기본형)과 답변서
갈등저감형 이혼소장(이혼, 위자료, 재산분할, 미성년 자녀가 있는 경우)과 답변서

[조정신청 관련 서식]
갈등저감형 조정신청서(이혼, 위자료, 재산분할, 미성년 자녀가 있는 경우)와 답변서

(출처: 대한민국법원전자민원센터 및 관련 법령)

스마트폰으로 QR 코드를 찍으면
이혼 관련 서식을 다운받을 수 있습니다.

변호사 없이 이혼하기

2022년 8월 31일 초판 1쇄 발행

지 은 이 | 김명연, 양지선
펴 낸 이 | 서장혁
책임편집 | 장진영
디 자 인 | 지완
마 케 팅 | 윤정아, 최은성

펴 낸 곳 | 토마토출판사
주　　소 | 서울특별시 마포구 양화로161 케이스퀘어 727호
T　E　L | 1544-5383
홈페이지 | www.tomato4u.com
E-mail | edit@tomato4u.com
등　　록 | 2012.1.11.
I S B N | 979-11-92603-00-1 (03330)